北京大学研究生学术规范与创新能力建设丛书

传播学定性研究方法

（第二版）

李　琨　编著

北京大学出版社
PEKING UNIVERSITY PRESS

图书在版编目(CIP)数据

传播学定性研究方法/李琨编著. —2版. —北京：北京大学出版社，2016.8
（北京大学研究生学术规范与创新能力建设丛书）
ISBN 978-7-301-27463-7

Ⅰ.①传…　Ⅱ.①李…　Ⅲ.①传播学—研究方法　Ⅳ.①G206-3

中国版本图书馆CIP数据核字（2016）第199279号

书　　　名	传播学定性研究方法（第二版） CHUANBOXUE DINGXING YANJIU FANGFA (DI-ER BAN)
著作责任者	李　琨　编著
责任编辑	泮颖雯
标准书号	ISBN 978-7-301-27463-7
出版发行	北京大学出版社
地　　　址	北京市海淀区成府路205号　100871
网　　　址	http://www.pup.cn　　新浪微博：@北京大学出版社
微信公众号	通识书苑（微信号：sartspku）　科学元典（微信号：kexueyuandian）
电子邮箱	编辑部jyzx@pup.cn　　　　总编室zpup@pup.cn
电　　　话	邮购部62752015　发行部62750672　编辑部62753056
印刷者	北京虎彩文化传播有限公司
经销者	新华书店
	787毫米×980毫米　16开本　15.5印张　220千字 2009年5月第1版 2016年8月第2版　2024年7月第4次印刷
定　　　价	49.00元

未经许可，不得以任何方式复制或抄袭本书之部分或全部内容。
版权所有，侵权必究
举报电话：010-62752024　电子邮箱：fd@pup.cn
图书如有印装质量问题，请与出版部联系，电话：010-62756370

北京大学研究生学术规范与创新能力建设丛书

学术委员会
主　任：许智宏
副主任：林建华　柯　杨　张国有
委　员：甘子钊　杨芙清　袁行霈　厉以宁
　　　　　方伟岗　文　兰　昌增益　陈尔强
　　　　　陶　澍　朱苏力　王缉思　陈学飞
　　　　　温儒敏　牛大勇　叶　朗　王明舟
　　　　　王仰麟

编辑委员会
主　任：林建华
副主任：王　宪　王仰麟　张黎明
委　员：高　岱　生玉海　段丽萍
　　　　　郑兰哲　贾爱英

丛书策划：北京大学研究生院　北京大学出版社

丛书总序

21世纪的竞争,归根结底是人才的竞争。中国共产党第十七次全国代表大会明确提出要优先发展教育,提高高等教育质量,建设人力资源强国。高等教育担负着为国家培养高素质创新人才、为社会提供一流服务的重任,大力发展高等教育是实现我国由教育大国向教育强国转变的战略手段,北京大学正努力地朝着建设一流的研究型大学的目标迈进。

近十年,国家启动两期"985工程"和"211工程",加快推进了我国高等教育的改革和发展。现在,"985工程"和"211工程"第三期也已经或即将启动,这必将继续推动我国高等教育的进步,促进教育质量的提高、学科设置的改善、学校管理的改革和人才队伍的建设。在此期间,中国高等教育积极开拓国际视野,增强与国外大学特别是世界知名大学的交流与合作,通过联合培养、交换学习等方式让教师和学生接触国际学术前沿;并通过引进海外优秀人才、教学互访等方式加强了与国外大学的合作,吸纳了很多先进的教学方法与科技成果。

世界各国特别是发达国家,长期以来都是把培养拔尖创新人才作为国家发展战略,并作为增强其国家核心竞争力的重要手段。从一定意义上说,研究生教育代表着一个国家高等教育的水平,研究生培养直接关系创新型国家建设目标的实现。研究生教育的任务就在于培养出国家人力资源金字塔中的顶尖人才,这也决定了研究生教育具有精英性、专业性和创新性的特征。研究生教育的培养质量代表着中国科学研究的能力和潜力,引领着中国科技和文化的发展方向,是建设社会主义和谐社会的重要力量。随着全球化的不断深入和扩大,如何把我国从一个高等教育大国建设成为高等教育强国是我们面临的重要挑战,如何进一步提高研究生培养质量也成为我们亟待解决的问题。

受历史条件、客观因素的制约,目前我国的研究生教育存在一些阻碍其长足发展的瓶颈区域。研究生培养质量有待提高,导师制度有待健全,学术道德观念亟需加强,自主创新的能力和水平也应不断提高。这些问题提醒我们高校教育工作者,要结合我国教育实际和客观条件,进行积极有效的培养机制改革,提高教师和学生从事科学研究的积极性和能力,加强学术道德规范建设,为全面提高高等教育质量尤其是研究生培养质量作出贡献。

多年来,北京大学不断探索提高研究生培养质量的途径,并进行了卓有成效的研究生培养机制改革,取得了一些成果,收获了一些经验。为进一步了解国外大学教育制度和研究生培养情况,吸收他们的先进经验,北京大学研究生院与北京大学出版社共同遴选了一批在国外具有较广泛影响的教材和参考书,并正式出版了学术道德与学术规范系列丛书。该丛书中每种著作针对一个主题,分别从学术道德、文献搜集、研究资讯的管理、阅读和写作指导、科研计划的撰写、论文写作与发表及科学研究的基本方法等方面,介绍国际学术研究的基本规范程式。与此同时,在课程教学积累的基础上,一批由北京大学教师编著的研究生学术规范类教材也正在逐步完成。它们凝聚了北大教师们多年的研究经验和成果,也是与中国教育实际契合的很好的教学科研用书。这套丛书给广大研究生和研究生教育工作者们打开了一扇世界之窗,有利于我们的学生和教育工作者借鉴国内外学术规范和学术研究的先进方法,吸取更多的经验和教训,有利于提高我国高校教育质量和自主创新能力,催生更多具有国际先进水平的学术成果和更健全的教育体系。

"工欲善其事,必先利其器。"加强学术规范教育和训练是我国研究生教育长期的课程和目标,良好的学术规范是科学研究的基础,也是全面提高学生培养质量的有力保证,从规范入手,让学生知道如何规范地搞科研、做学问,自觉遵守学术道德,恪守科学精神,对推动我国研究生教育有深远意义。我愿意和广大教育工作者们一起,从关注基础、关注规范入手,不断提升研究生教育的质量,形成研究生教育立足规范、注重质量、追求卓越、勇于创新的新气象。

目 录

第一章 绪论 ………………………………………………………… 1
一、科学与科学研究 ……………………………………………… 3
二、方法论与方法 ………………………………………………… 8
三、关于传播学研究方法若干问题的辨析 ………………………… 14

第二章 定性研究的解释框架 ……………………………………… 25
一、定性研究的特征 ……………………………………………… 27
二、定性研究的方法论来源 ……………………………………… 29
三、对传播研究的影响 …………………………………………… 31
四、对定性研究方法的批评 ……………………………………… 33

第三章 定性研究的基本问题与类型 ……………………………… 35
一、定性研究的基本问题 ………………………………………… 37
二、定性研究的基本类型 ………………………………………… 41

第四章 定性研究的步骤与实施一：制订计划 …………………… 57
一、发现问题,提出问题 …………………………………………… 59
二、检索已有相关成果或资料 …………………………………… 62
三、修改并确定研究课题 ………………………………………… 65
四、研究方案的设计 ……………………………………………… 73

第五章 定性研究的步骤与实施二：资料搜集的准备 …………… 77
一、知情同意原则 ………………………………………………… 79
二、获取允许进入现场 …………………………………………… 80

| 三、"协商性接触" | 81 |
| 四、抽样 | 81 |

第六章 定性研究的步骤与实施三：资料搜集 … 89
- 一、观察 … 91
- 二、访谈 … 95
- 三、焦点小组 … 101
- 四、文本分析 … 104

第七章 资料的整理与分析 … 107
- 一、定性资料的特征 … 109
- 二、定性资料的形态 … 109
- 三、定性资料分析概述 … 111
- 四、编码和归类 … 112
- 五、分析策略 … 116

第八章 定性研究的检验与评价 … 119
- 一、资料的检验 … 121
- 二、研究质量评价 … 124

第九章 提出研究报告或撰写论文 … 127
- 一、学术论文的撰写 … 129
- 二、定性研究报告或论文的写作目的 … 132
- 三、定性研究报告或论文的写作 … 134

第十章 定性方法的法律和伦理问题 … 139
- 一、研究方法伦理问题的重要性 … 141
- 二、定性研究中的法律和伦理问题 … 141
- 三、冲突、困境与解决 … 145

附录一 社会科学研究者的综合道德准则 … 147

附录二 美国舆论研究协会职业伦理与实践准则 … 155

附录三 研究案例 … 159

参考文献 … 232

第一章 绪 论

一、科学与科学研究
二、方法论与方法
三、关于传播学研究方法若干问题的辨析

一、科学与科学研究

1. 科学

"科学"已经成为 21 世纪人类最"时髦"的词语之一。不分老少,不分国界,人们几乎言必提"科学"。但"科学"的定义是什么,却并没有一个统一的理解。有人将它与技术联系起来,甚至认为它就是技术;有人将它与意识形态对立起来,甚至用它来作为意识形态领域斗争的一件武器;有人将科学与潮流、时髦相提并论。显然,不同的人在不同的情况下,对"科学"这一名词有着不同的理解。这些不同理解,有的可能只看到了或强调了"科学"表面的或某一方面的特征和功能,因此,都具有一定的片面性。

即使是在权威的词典中,对"科学"也有不同的定义。如《韦氏新世界大词典》的定义为:"从观察、研究或实验中得到的有系统的知识,以求得对所研究的对象的本质和规律的理解。"[①]《牛津英语词典》的定义为:"科学是一门学问。它或者与一些相互关联的明显的真理有关,或者与一些经过观察和系统分类而得来的事实有关。这些事实由一些基本规律联系在一起。科学还包括为求得某一领域的新知而使用的可靠的方法。"[②]

本书将采用《韦氏新世界大词典》的定义。这是因为,这一定义较完整地概括了科学的性质,即:它是系统知识,而非某一次具体的研究成果或技术发明;它同时又指出了产生或获取这个系统知识的过程,即它是通过观

---

① "systematized knowledge derived from observation, study and experimentation carried on in order to determine the nature or principles of what is being studied", *Webster's New World Dictionary*, 3rd ed., p.1202.

② "A branch of study which is concerned either with a connected body of demonstrated truths or with observed facts systematically classified and more or less colligated by being brought under general laws, and which includes trustworthy methods for the discovery of new truth within its own domain." *The Oxford English Dictionary*, 2nd ed., p.649.

察、调查和实验而得到的,即本书讨论的重点——科学研究的方法。最后,获取科学知识的目的是确定研究对象的性质和规律。缺少了这三个要点的任何一个部分,都不能算作"科学"。

2. 知识的探求过程

如果说"科学"是系统的知识,那么,对系统的知识的探求,就是科学研究。在"科学"的定义中,探求知识的目的是发现或获知某种事物的性质和规律。事实上,每个人在生活中都在不同程度上经历着这个探求知识的过程,都曾经或正在进行着某种方式的研究,只不过有时是有意识的,有时是无意识的罢了。比如,一个幼儿看到了一件以前从未见过的东西,伸出手拿起来,再放在嘴里咬一咬,这时他其实就在进行一项探索性的研究。青年人有了关于工作或交友的想法,将它付诸行动时,他也是在做一项关于人的本性、人的性情等的研究。这些行为有一个共同点,即:它们都是认知的过程。那么,能不能说所有认知过程都是科学研究呢?当然不能。因为不同的认知过程,其解答疑问或获取知识的方式并不相同。罗杰·威默(Roger Wimmer)认为,人类认知方式大体来说有以下四种[1]。

(1) 固定经验法

顾名思义,固定经验法就是依赖于以往的经验来认识事物的方法。这种方法的逻辑是,一件事是真理,因为它过去是真理。比如,一个商人不相信在报纸上登广告会给他带来更多的客户。因为,"我父母开店时从未这么做过,生意也挺好"。显然,他的判断出自他对父母经验的依赖。

固定经验法也可称作"常识法"。对于常识,人们无需考证和检验,可不假思索地接受。固定经验法自有其道理。固定经验法所依赖的个人或他人的经验,归根结底也是先人在长期的生活中通过观察、尝试和失败积累起来的。只是使用固定经验法的人不用再去质疑经验的正确性了而已。

固定经验法的欠缺在于,个人与他人的经验往往不一定正确、精确。彼时彼地的经验并不一定能正确地运用到眼前的场合中,所谓此一时,彼一时也。

---

[1] Wimmer, Roger D. & Joseph R. Dominick. Mass media research: an introduction. Belmont, CA: Wadsworth, 1997: 8—9.

(2) 权威法

这种方法的前提是，承认某种权威的存在，并且相信权威的结论和判断。如，孩子试图认识某种东西是凉还是热，他往往相信父母的判断。因为他承认父母这个权威。在每一个人的生活中，都或多或少存在着一些权威。家长是孩子的权威；宗教领袖或教义是教徒的权威；教师是低龄儿童的权威。现代社会中，人们对大众传媒的依赖也是权威法应用的一个例子。与固定经验法相同的是，使用权威法也无须对每一件新事物、每一个新问题都亲自尝试或取证。与固定经验法相信常识不同，权威法相信的是一些固定的权威。自然，权威法的欠缺也是不言自明的：权威的判断不一定正确，不一定适用。权威应该是求知的出发点，而不是结束。

(3) 思辨法或直觉法

这种方法的逻辑前提是，假定事实已经存在，无须证明。它依靠直觉、洞察力或逻辑推理来认识事物、获取知识。如一个广告设计者可能拒绝将他所设计的广告付诸受众检验，而认定他的广告会吸引顾客。他就是在凭直觉或感觉做出判断。

除了日常生活中的直觉，思辨哲学家应用的也是思辨法或直觉法。思辨哲学家认为，经验不可靠，真理是靠直觉或逻辑推理获得的，是超越经验的。换句话说，思辨方法的出发点是从直觉或领悟得来的"公理"。思辨哲学家相信，从这些"公理"出发，然后经过逻辑推理，就可以获得"真理"和知识。"领悟"到的是事物的本质，再加上正确的推理形式，即可获得"真理"，而不需要进行实践检验。因此，思辨法获得认知的过程是从概念到概念的。

(4) 科学研究法

这里所说的"科学"研究，是相对于前三种认知方式而言。科学研究的认知过程与前三种方式不同。其不同在于，科学研究方法既不依靠先验的灵感和直觉，也不完全求助于权威的指点；同时，也不将前人的经验看成不变的真理。科学研究是通过对研究对象的观察、调查和实验等方式，来证实或证伪某种概念或理论，或求得对事物的认识。显然，将科学研究法与前几种方法相区别的，是它的认知过程或手段。

3. 科学研究的过程

科学研究的过程有别于其他任何认知过程，是因为它具有以下特点。

(1) 科学研究遵循一定的逻辑体系

科学研究运用两套逻辑体系,即归纳法与演绎法。归纳法的基本过程是,从大量经验事实出发,概括其中具有普遍性或规律性的法则。演绎法则相反,是从某些假设或概念出发,通过对事实的观察或实验,证实或证伪假设。

这里关于归纳法和演绎法的区别,是就某一项具体研究的逻辑起点而言的。在人类的实际认知行为中,二者是不可分割的。作为演绎法起点的假设或概念,是在前人大量的归纳经验中建立的。而归纳法对经验事实的获取,其目标的确定,对事实的分类、整理等,也都离不开已有的概念或假设。

归纳法和演绎法是两套相反的逻辑体系。但二者都是对事实进行考察,试图建立概念和事实间的某种联系。因此,有学者在论述科学研究与另一种认知方法即思辨法的不同时,将它概括为"操作事实"与"操作概念"的区别。[1]

(2) 科学研究遵循一定的步骤

科学研究既然遵循某种逻辑,就必须是有步骤、有过程的,而非"一蹴而就"的。科学研究包括自然科学研究和社会科学研究。因为性质、目的和条件的不同,每一类研究,甚至每一次具体研究的过程,都是千差万别的。本节所论述的步骤是具有一般性和规律性的步骤。它是由科学研究的内在逻辑而产生的。

大体说来,科学研究可以分为以下几个步骤:

1) 发现问题;
2) 查阅已有的相关成果或资料;
3) 提出问题或建立假设;
4) 选择适当的方法,制订研究计划;
5) 搜集相关数据和资料;
6) 对数据和资料进行分析,得出结论;
7) 提出研究报告或撰写论文。

本书的第四至第六章将详细论述传播学定性研究的步骤。

---

[1] 卜卫.传播学方法论引言.国际新闻界.1996,4:35.

4. 科学研究的特征

如前所述,科学研究的具体方法多种多样,依需要和条件而定。但是,这些具体方法之间存在着共同的特性。这些特性的综合就构成了将科学方法与其他认知方法相区别的标准:

(1) 公开

科学研究是公开的。它依据的是公开、自由流通的信息。研究者不能求助于个人私密的灵感和直觉。公开的另一层意思是,研究的过程和结果能够公开报告,使其他研究者能够以此来独立地评价结论合理与否。

(2) 客观

科学研究是客观的。客观在这里有两层意思。首先,科学研究的对象是客观存在的事实,而不是主观的臆测。这些事实最终是可以通过不同方式观察或测量得到的。同时,客观性还体现在研究的过程中。科学研究遵循某种既定的、明确的规则和程序。

(3) 系统、积累

每一次具体的科学研究,其目的可能有所不同。应用研究的直接目的是将结果付诸应用。基础研究也许并不具备或强调这样直接的应用性。不管是何种目的,科学研究的共同目标都是系统地说明自然世界和人类社会的现象。从这个意义上来说,每一次具体的研究都是朝着一个共同的终极目的前进中的一环;每一次研究都是建立在前人的研究成果的基础之上的,都是一个更大的理论体系或方法体系的一部分,而各个部分之间都存在着某种程度上的联系。

科学研究的系统性还体现在,它假定一个事物与另一个事物之间存在着因果联系和逻辑法则。它相信所谓"事出有因"。科学所遵循的逻辑法则还有:一个事物不能影响发生在其之前的另一个事物;一种原因不能同时产生两种相互矛盾的后果,等等。

二、方法论与方法

1. 基于综合、交叉学科的传播学研究

　　人类知识的积累过程大体是：随着社会的发展，出现了某些新的、为人所不熟悉的现象。对这些现象的观察或研究，产生了有关的理论。这些理论又被不断地应用到有关社会现象中，得到验证或修正，并推动社会向前发展和知识的不断积累。

　　人类知识系统化的结果之一就是学科的产生和发展。在一门学科中，关于该学科的知识、学科理论体系的建立和研究方法的确定和应用三者是密不可分的。换言之，建立在对学科对象的认知之上的理论的不断发展，研究方法的不断改进或新的方法的加入，是学科发展的重要内容和判断标准。

　　因此，学习传播学的研究方法，就离不开对传播学这一学科的发展历史和其基本理论的了解。事实上，传播学研究目前采用的方法，就是与传播学学科同步建立发展起来的。我们可以从传播学基本原理中找出它的哲学和方法论的渊源。

　　可以毫不夸张地说，人类活动的全部就是传播的活动。传播是人类社会的基本现象；同时，对传播现象的观察和思考，随着人类活动的产生也已有悠久的历史，可以追溯到古希腊和古罗马。柏拉图和亚里士多德对辩论、对话和说服术等进行了探讨。我国古代思想家的著作中也包含了对传播现象和传播技巧的思考。

　　但是，这些早期的对传播活动的思考和探讨，还远远不能形成一门学科。这是因为它不具备形成一门学科的所有要素，即：独立的学术研究、系统的理论、科学的研究方法和从事学科研究活动的专业人员。古人对传播现象的思考是零碎的、间断的、注重现象而非本质的，没有系统的理论，更没有科学的方法。可以说，他们对传播现象的涉及基本上是不自觉的。

　　随着人类社会的发展，特别是现代传播媒介技术的诞生，人类各种传播活动日益频繁，逐渐产生了专门从事传播活动的专业队伍。这支队伍依赖现代传播技术（媒介），进行着较大规模的相对独立的社会活动。具体来说，

印刷机的发明,导致了现代出版业的出现;电报、电话、收音机以及电视的发明,使大众传播成为可能。它们的出现不但造就了一批专门从事大众传播专业的人员,也培养了一个庞大、固定的媒介消费者群体,即"受众"。现代传播技术的诞生和发展,是随着工业革命的脚步而来的。在欧洲,这个过程可以追溯到19世纪。而在美国,其高潮在19世纪中后期到20世纪初。

19世纪末到20世纪中期的两次世界大战是传播手段和传播技术在政治、军事领域被广泛应用的时期,它们也使人们惊讶于传播和媒介的巨大作用。与此同时,工业革命和科技的发展以及世界大战,促进了与传播学密切相关的一些人文和社会学科研究的空前发展,如心理学、社会学、政治学和人类学等等。这些学科的理论基础、研究成果和研究方法,都对传播学的诞生产生了影响。更为重要的是,这些领域中的一些知名学者的著名理论,直接构成了传播学理论的基石。

总之,传播技术的发展带来了人类现代传播活动的繁荣,造就了传播专业从业人员和受众;而传播手段在战争中的使用,引起了社会与学者的格外关注。同时,人文、社科一些学科的研究和大发展,也直接地为传播现象的研究提供了理论和方法的武器,并出现了一批有名的学者。这些,都为传播学作为一门独立学科的出现奠定了基础。就这样,传播学在20世纪中叶诞生了。

由于传播活动贯穿于人类活动的各个方面,传播学作为一门学科,也就不可避免地与许多其他学科相交叉、相融合。如前所述,传播学的诞生受到了人文、社会许多学科的极大影响,甚至可以说,传播学是在这些学科的基础上诞生的。同时,许多早期的人文、社科学者的理论,更是成为传播学的基础理论。

具体来说,早期的传播学理论吸收了社会学、心理学、政治学、语言学、新闻学等学科的成果。目前公认的有四位学者,被称为传播学的奠基人,他们是拉斯韦尔(政治学)、卢恩(社会心理学)、霍夫兰(实验心理学)和拉扎斯菲尔德(社会学)。

拉斯韦尔(Harold Lasswell),美国现代政治学家。他对传播学的贡献在于他的宣传与传播研究。他在1927年出版的《世界大战中的宣传技巧》对第一次世界大战的宣传策略及效果进行了分析。尔后,他又进一步通过分析传播的社会功能,将传播过程解析为五个W的模式,即我们耳熟能详的五要素:"谁(who),说什么(what),通过什么渠道(through what channel),对谁说(to whom)，产生什么效果(with what effect)"。后来的传播研究，大致围绕着这五个要素形成了内容分析、媒介研究、受众研究和效果研究这样几个领域。

卢恩(Kurt Lewin)，德国社会心理学家。他对传播学的贡献是提出了"把关人"(gate-keeper)的概念，即：把关人决定什么样的信息可以进入传播过程。卢恩认为，群体归属关系和群体规范对个人态度和行为具有制约作用。他的"群体动力论"将媒介的把关人的把关标准从"个人价值"的选择提高到群体规范制约的高度。

霍夫兰(C. I. Hovland)，美国实验心理学家。他用心理学的实验方法，对"二战"期间电影在提高军人士气方面的作用进行了研究。后来，他又将研究领域扩展到传播的效果以及产生效果的条件，并揭示了传播效果产生的复杂性。霍夫兰对传播学的一个重大贡献就是将心理实验引入传播学效果研究，开创了传播学实证研究流派的先河。

拉扎斯菲尔德(Paul Lazasfield)，奥地利社会学家。拉扎斯菲尔德对传播学的最大贡献就是提出了"两级传播"理论。通过对美国总统大选中宣传战对选民意见的影响的调查，他发现，大众媒介的宣传并不能百分之百左右选民意见。左右选民意见的还有其他许多因素，如政治倾向、舆论领袖的意见等等。特别是"舆论领袖"这个概念的提出，对媒介影响的"子弹论"提出了质疑。拉扎斯菲尔德在民意研究中，使用了社会学、人类学等学科中的抽样调查技术和量化分析法，对以后的传播学研究中的一个重要流派的确立起了重大作用。

以上几位学者所进行的与传播学有关的研究，大都是在美国进行的。这与传播学诞生时期，即20世纪初到中期的国际政治、社会条件密切相关。

首先，美国是当时传播技术和传播事业最发达的国家。其次，第二次世界大战之前，许多欧洲学者逃避纳粹的迫害，来到美国，而美国给他们提供了和平的环境、自由的学术研究氛围和研究的物质基础，因而在美国形成了一支相对集中的学者队伍。可以说，传播学于20世纪中期在美国形成是多种因素和条件作用的必然结果。传播学的研究从一开始就浸淫在美国科学研究中的实证主义范式之中，也可以说是一种必然。关于方法及有关的方法论问题，在下一节还要介绍。

最后，在谈到传播学的诞生时，不能不提到施拉姆(W. Schramm)的名字。如果说以上诸位学者从不同的学科领域对传播学的建立作出了贡献，那么施拉姆就是一位"集大成者"。施拉姆早期从事文学和教育研究，"二战"期间开始与霍夫兰和拉扎斯菲尔德等人接触。从40年代末至50年代初,他建立了世界上第一个传播学研究所(美国伊利诺大学),并开设了传播学研究生课程,自任伊利诺大学传播学系主任。同时,施拉姆出版了最早的一批传播学专著,如《大众传播学》(1949)和《大众传播的过程和效果》(1954)等。至此,传播学有了较为系统的理论和研究方法以及专业研究人员,同时又有了传播学的教育和科研基地以及教材。

传播学诞生的重要条件之一是传播媒介技术的发展。20世纪后半叶,新的学科如通信工程学、信息学和系统论、控制论等,对传播技术的进一步发展以及传播学学科的进步产生了巨大的影响,其中最重要的当属信息论和控制论。

香农(C. E. Shannon),美国工程师。香农对传播学的最大贡献是他对"信息"这个概念的普遍性的理解。他认为,任何事物都存在着内在的属性和规律。这些属性和规律通过一些外在的形式表现出来。这些形式就是物质的信息。"信息"概念的普遍性在于它不仅存在于物质世界,也同样存在于人类活动及语言等范畴之中。也就是说,人的行为,包括传播行为,可以从了解和解构存在于这些行为中的信息来加以研究。将香农的信息论运用到传播学研究中来,具有双重意义:第一,传播的概念被扩大到社会系统以外的物理和生物系统;第二,人类社会的传播现象可以通过对信息的传输、转换等数学模式来表达,这使传播学定量研究进入了新的层面。

威纳(Norbert Wiener),美国科学家。威纳对传播学的贡献是他的控制论。威纳认为,每一个系统内部在运行当中,都可能由于偶然因素而从有序向无序,从确定向不确定转化。因此,就要对系统进行"控制",使系统按照既定目标运行。控制的方法之一就是信息反馈。控制论可以用来理解传播中的许多概念。如对传媒的管理与规范、法律与法规的制定与执行、其他因素对传者的约束等等。同时,反馈的理论和观念被应用到传播效果、受众研究等领域中去,从而改变了传播学中的单向传播模式理论,对传播活动的宏观把握起到了关键的作用。

2. 方法论与方法

做一项科学研究,要决定使用什么方法。而方法的选择,离不开对具体方法所建立其上的方法论的了解。这是因为,方法论是具体方法选择的理论基础和分析框架。盲目的方法选择，无法提供对研究对象的恰当、准确的衡量和解释，研究也就失去了价值。

方法与方法论是两个不同层次，又密切相关的概念。

首先，方法论是关于方法的理论和哲学基础。一种科学研究方法的产生绝非偶然，它是特定的历史条件的产物；它反映了创立者和使用者对社会、对客观世界和对人自身的认识，即某种世界观和价值观。

早期的传播学研究受到自然科学和技术发展的影响，经验性或实证的方法曾被广泛应用。经验性方法通过观察、测量并检验的方法对传播现象进行考察并推理。它的认识论和方法论的前提是：1)事物是客观存在的；2)事物是可以通过某种工具或方法观察得到或体验得到的；3)研究者与被研究的对象是可以分离的，也因此，研究者可以从外部对研究对象进行客观的观察或检验；4)有代表性的检验结果可以推演到同类现象上。

举例来说，控制实验法就是早期传播研究中曾广泛使用的方法之一。它的基本原理是：通过对条件的控制，可以建立或否定事物之间的因果关系。一个经典的将实验法用于传播效果的研究就是，暴力内容的电视节目和儿童游戏中的暴力行为之间的因果关系的实验。

研究者将一群男童随机分为两组，给一组观看充满暴力画面的电视节目，而不给另一组看。然后让两组男童在一起玩。据实验报告记录，看了暴力电视节目的儿童的行为中马上充满了暴力倾向，对放在室内的玩具熊大打出手，而另一组儿童则没有这种行为。这一实验显然基于研究者对事物的因果关系的如下认识：即：人的行为的原因是可以清晰地分辨并分离的。在上面的实验中，"观看暴力内容电视"这个因素被认为是可以与造成儿童行为的其他可能的因素清晰地分离开来并加以控制的。并且，实验中涉及的因、果诸多现象，如电视中的暴力场面，儿童的行为等，都是可以被转化成量的概念来测量的。

其次，方法论还涉及对方法体系的确认、对具体方法的分类和对工具的选择等。卜卫在《传播学方法论引言》中，将传播学研究方法在五个层次上做了归纳：方法范式、定义、分类、研究传统和具体研究方法。比如，传播学方法有人文的和实证的范式，它们又来源于不同的研究传统，也因此选择了不同的具体的方法和工具[①]。袁方在《社会研究方法教程》中，将社会研究方

---

① 卜卫：《传播学方法论引言》，《国际新闻界》，1996年第4期，第35页。

法分为方法论、研究方式和具体方法与技术三个相互联系的层次。①

引用上述这些表述的目的,仅仅在于说明:方法论是关于理论基础和体系的学问,它同具体的方法既有联系又有区别。了解某一学科遵循的方法论,对于掌握该学科的具体研究方法无疑是必要的。它可以使研究者跳出工具主义的局限,认识所使用具体方法在科学研究全景中的来源和位置,认清它的长处和局限性,避免使用中的盲目性,更避免对研究结论的绝对化处理。

3. 范式的概念

对方法论与具体方法之间关系的理解,还可以从研究方式的概念入手。

范式(paradigm)一词源自希腊语的 paradeigma,意指"模范"或"模型"。"范式"是20世纪美国哲学家托马斯·库恩(Thomas Kuhn)提出的概念。

根据库恩的定义,范式是关于某一学科的本体论(ontology,回答研究对象的本质是什么的问题)、认识论(epistemology,回答研究者与被研究对象之间关系的问题)和研究方法(methodology,回答研究过程与方法的问题)的综合模式。② 林德洛夫认为,范式包含关于学科的一套前提假设、理论框架、命题和研究范畴。③

关于传播学研究中不同方法的优劣,存在着激烈的争论。这些争论本质上是不同的研究范式的争论。下面的表格展示了不同的范式在这些争论中的不同取向。

表1 不同范式的取向

	要回答的问题	定量研究	定性研究
本体论	世界的本质是什么?	现实是客观存在的,是唯一的、外在的。	现实是主观的、多面的,取决于研究的参与者。
认识论	研究者与被研究对象的关系是什么?	研究者独立于被研究对象而存在。	研究者与研究对象为互动关系。

---

① 袁方:《社会研究方法教程》,北京大学出版社,1997年版,第27页。

② Kuhn, T. S. The Structure of Scientific Revolutions, 2nd ed. Chicago: University of Chicago Press, 1970.

③ Lindlof, Thomas R. Qualitative Communication Research Methods. Thousand Oaks, CA: Sage Publications, 1995.

续表

	要回答的问题	定量研究	定性研究
传播学研究中方法的选择与应用	研究的过程是什么?	演绎的,检验因果关系,结论推演到整体,预测未来趋势,可靠性从对效度和信度的检验中获得。 实验法,普查法(调查法),统计。 研究结果主要通过数字来表达。	归纳的,探索性的,理论和类型的形成目的是为理解现象,研究考虑情境,可靠性从经验事实获得。 人类学(民族志)方法,扎根理论,案例法,访谈,参与和非参与观察,文本研究,文化研究。 研究结果主要通过话语文字来表达。

根据 Firestone,(1987),Guba & Lincoln (1988),and McCracken (1988)。

那么,在具体的研究中遵循哪一种范式,由什么决定呢?大致来说,取决于以下四个因素:

(1) 研究者的世界观:即在本体论和认识论层面的选择。

(2) 研究者的学术训练和经验:如统计学知识、计算机技能或语言和文本分析的训练、与人沟通的能力。

(3) 研究问题的目的和性质:是否已经有对相同问题的研究,已确定的变量,已存在的理论框架;是否是探索性的;研究情境对研究是否重要。

(4) 研究者的心理取向:是否能适应严格的规则和程序,对模糊状态的容忍度,是否能允许长时间的研究过程。

三、关于传播学研究方法若干问题的辨析

中国的传播学教学中,存在着一个轻视研究方法的教学和研究的倾向。这种状况与传播学教育在中国的发展极不协调,与国外传播学教育发达的大学更有着相当大的差距。在美国,传播学研究方法是传播学研究生的必修课,并且在必修课中占有很大的比例。而我国的传播学院系中,仅有少数开设了研究方法课程。更严重的是,教师也缺乏系统的研究方法训练。在

有限的研究方法教学中,也存在着一些模糊和混乱,特别是方法论方面的混乱认识。

在第二节中我们已经讨论了了解学科方法论以及方法论与具体方法的关系的意义。本小节从对几对相关概念的辨析的角度,进一步讨论与定性研究方法有关的问题。

1. 学派与方法、方法论

在传播学的著作和教材中,我们经常遇到关于"学派"的许多称谓,如"经验学派"、"批判学派"、"传统学派"、"法兰克福学派"、"芝加哥学派"等等。由于使用这些称谓的背景和参照物的不同,给人的印象就是,传播学中"学派"满天飞;同时,由于某些名词的提及又与研究的具体方法或方式的提及相混淆,也难免造成了对这些概念甚至事实的混乱认识。

"学派"即学术流派。"流派",根据兰登韦伯斯特词典的解释,就是"一群具有共同态度与信仰的人","某一大师,系统或方法的一群追随者"。学术流派,亦即在某种学术领域里具有相同学术观点、理论或信仰的人。不仅如此,共同的学术观点和理论还往往导致了学术研究中倾向于使用大致共同的方法。另外,一种学术流派还是学科产生和发展过程的产物,无法脱离当时的历史环境。

上面我们曾提到传播学的"经验性"或"实证性"的方法。我们还指出,此类方法其实反映了它的创立者和使用者的世界观。当某一学科中的一些研究者具备了这些共同的特征或倾向,又形成了以某些代表人物组成的核心时,我们往往认为一种学派就诞生了。

我们还以传播学中的经验主义学派(empirical school)为例。"经验主义"(empiricism)可以定义为:1. 一种哲学信条,即:一切知识都来源于感官和经验;2. 以经验为根据的方法和实践。[1]传播学经验性的方法有实验法和观察法等。但经验主义或经验学派并非始自于传播学。它在哲学层面和工具方法上继承了社会学中的实证主义的观念,而实证的精神可以追溯到培根、洛克和圣西门。后者在《人类科学概论》(1813)中指出,"关于人的科学迄今只是一门猜想的科学",应"提高到以观察为基础的科学水平。"社会学

---

[1] 《兰登书屋韦氏英汉大学词典》,中国商务印书馆,1998年版,第734页。

的鼻祖孔德更提出"观察优于想象"的命题。①

传播学研究中的经验主义或实证精神形成流派应当是在传播学从形成到大发展的二十世纪四五十年代的美国。它的代表人物有霍夫兰(说服效果实验)拉扎斯菲尔德(实地调查法)和拉斯维尔(内容分析法)等。

传播学经验主义学派的诞生也是二十世纪自然科学技术进步的产物。这些进步使人类生产力的大大超过了过去十几个世纪的总和。在它给人类生活带来巨大的发展的同时,也大大地推进了人类对科学和技术的崇拜。社会科学学科,包括传播学的研究,纷纷引用或效法自然科学的逻辑和方法工具。这样的历史条件奠定了经验学派形成的信念基础和可以借鉴的研究方法。

传播学研究的其他流派,如"批判学派"等,其形成和发展、其哲学基础和对具体方法的偏好,也无一不带有历史发展的烙印。在此不详述。

需要指出的是,学派的名称不一定是当时的研究者有意识地给自己贴的标签,而是后人给它的概括,以此来与其他流派相区别。同时,这些名称的使用是有条件的,有特定场景的。如我们经常见到"经验学派"、"功能学派"、"管理学派"和"传统学派"的互用或并用。事实上,这些名称大体指的是同一流派,只是,不同的名称强调了它的不同的层面。"经验学派"的特征我们前面已经谈到,它是从方法和方法论的角度来指认这一学派的特征;"功能学派"则从目的的角度来突出经验学派的特点,既:它的研究同时带有非常鲜明的目的,研究的重点在于传播过程的功能和效果、目标,如:使用心理实验法的说服研究,宣传效果研究等;"传统学派"是相对于传播学的另一大流派"批判学派"而言的:经验主义流派因其历史较长,又遵循了当时占主流地位的方法论和较为成熟的研究方法,具有较"正统"的地位,故有"传统学派"之称;"管理学派"的标签从经验学派的价值观或对社会的认识的角度描述了这一学派的特征:经验性的研究大多建立在多元主义的社会观上,亦既西方社会的主流社会观。多元主义社会观认为,媒介(包括传播体系的其他元素)是多个互相独立又互相制约,互相竞争的社会机构之一。这些结构的共存和竞争最终达到社会的平衡和稳定。在这种社会观的指导下,才有了经验学派关注的"媒介效果"、"受众选择""使用与满足"等命题。另外,

---

① 圣西门:《人类科学概论》,转引自袁方:《社会研究方法教程》,北京大学出版社,1997年版,第30页。

"管理学派"的含义还有:其研究目的是维护和完善现有的传播方式和秩序。这又与"功能学派"的定义有所交叉。

以上,我们用"经验学派"和与它相关联的其他几种指称为例,解释了它们之间的异同。需要再一次强调的是,名称只是他人或后人为了指称的方便而赋予某种事物的标签,研究者本人对它的特点并不一定具有非常清醒和有意识的追求;同时,不同的名称的使用是有条件的,强调了同一事物的不同层次和方面。除了"经验学派"这类名称外,我们还经常听到与"批判学派"相关联的若干称谓,尽管其内涵不同,但对它们的认识也应注意以上两点。

2. 学科分支与研究方法

关于传播学的学科体系,包括它的分支,各种专著和教材也是众说纷纭。

大体来说,从两处可以看到这一现象。一是在一些传播学概论之类的著作中,往往包括论述学科体系和分支的章节。很多以图表分类的形式出现。另一种情况是,从著作的本身,可以看出作者对学科体系和分支的理解,尽管作者的本意并不是对学科体系的整理。在形式上,这种理解往往可以从目录中表现出来。因此,我们可以说,对传播学体系的表述几乎可以从任何一本传播学的著作中发现,在此无法一一列举。

本文关注的,不是展示或比较哪种分类的正确或优劣。相反,本文正是要指出:学科的体系和分类,是特定的人在特定的条件下对某一学科及其研究的对象的理解的反映。任何一种学科系统都不应被看做"圣经"或"唯一"正确。它的作用在于帮助他人对学科有所了解,或使自己的论述条理分明。进一步讲,我们当然可以将不同的分类加以比较,然而比较的目的并非分优劣,辨正误,而是通过作者所建构的框架,看到他作为一个研究人员对学科的理解以及其背后的原因。

传播学的学科体系及分类恐怕是最具争议的。因为历史的原因,传播学是一门新兴的交叉学科。它有着最为广泛的学术渊源;同时,人类传播活动本身也规定了作为学科的它所具有的复杂和多面性。如果我们认为广义的传播可以涵盖人类所有的活动的话,那么传播学所涉及的领域(或称分支)、关注的问题将是无限广泛的。

大致来说,目前对传播学的体系和分支有以下几说。

（1）按照传播行为发生的场合或环境,分为:人际传播、小团体传播、组织传播和大众传播。比如,人际传播中可以包括二人之间的传播、两性之间的传播、个人影响的形成、自我传播等;组织传播活动的共同点在于,它是以组织为基础和主体而发生的传播活动;大众传播则是由一点向多点,而非面对面的传播。

（2）按照传播媒介区分,分为:大众传播和人际传播。传播过程是否包含了大众媒介是区分这两类传播活动的关键。在这个框架下,人际传播涉及的范围就要比第一种分法宽泛得多。小团体传播,组织传播等等都被涵盖其中,因为它们都具有不一定通过大众媒介,而通过直接接触或以语言、形体为媒介进行交流的特点。

（3）按照传播的微观或宏观问题,如:传播的效果、受众研究、公共关系、说服术、论辩和修辞的具体方法等,大体可以归类为微观传播的研究范畴,因为它们的关注点是某些传播行为本身,它的技巧、它的过程,以及它可能产生的影响;而传播的宏观研究所关注的是传播活动的背景或环境的问题,比如:传播的政治经济研究,它关注的是大众传媒与社会政治经济制度的相互作用、传媒资本和权力分配之间的关系;关于人类传播历史发展和前景的探索,如马歇尔·麦克卢汉(Marshall Mcluhan)的媒介性质的理论以及媒介与发展、媒介与文化、传播制度与环境、国际传播等,均属于宏观传播研究的领域。

综上所述,我们可以将学科的分支看作对某一学科所覆盖的主客观世界的不同层次、不同角度的理解的表述,而非泾渭分明、互不相干、一成不变的僵死的概念。因此,我们理解学科分支和方法的关系,也应从其所关注的问题出发。

那么,传播学下各个分支或领域的研究与其采用的方法是什么关系呢?
丹尼斯·麦奎尔(Denis McQuail)将传播学所关心的问题总结为:

谁向谁传播（关于传播者与接受者的问题）

为什么传播（关于功能与目的的问题）

如何传播（关于传播渠道、语言、符号的问题）

传播什么（关于传播内容,信息类别和框架的问题）

传播的效果（关于传播的意识或无意识等问题）

然后,他将不同的研究方法大约归类为结构研究、行为研究和文化研究。他分析列举了不同的研究方法面对同一问题时的不同视角。

结构研究法的关键是以"社会为中心"而非以"媒介为中心"。它关注的是媒介制度、组织及其与社会的关系。在上面的五类问题中,结构研究法在回答"谁向谁传播"时,将传播者与接受者看作社会系统中的一分子,是媒介制度或社会组织(抽象或具象)的一部分。结构研究也可以探讨传播的内容,但它更关注的是社会结构和媒介制度对传播内容的影响和限制;另外,它是从社会权力的使用和分配以及生存、发展机会这样的角度来看待传播效果的。

麦奎尔的第二种方法是行为研究法。其特点是关注个体传播行为,特别是作为行为个体的人是如何选择、加工、使用和回应传播的信息的。比如众所熟知的媒介使用目的和效果研究。围绕着这一重心,它经常使用心理学中的实验方法或社会学中的实地观察,通过因子的分离和控制建立因果关系。这种方法将研究对象作为社会学意义上的总体,通过抽样和统计分析将个体按照其社会特质和行为等因素分类,并从对因素的控制推出统计学意义上的因与果、部分与整体的关系的结论。行为研究法并非不关心传播的内容。倾向于这种方法的内容研究,遵循了同样的方法论逻辑,即:试图通过对部分内容样本的数学统计,导出对内容总体的结论。

文化研究法关注的是意义的结构、解构和语言及符号。当它的问题涉及"谁向谁传播"时,它关注的是作为使用符号建构意义的传播者和使用符号解构意义的接受者;它对传播效果的研究与某一特定的社会环境和特殊的文化经验相关联。麦奎尔认为,文化研究法也是以"媒介为中心"的方法,只是它更关心对特定媒介或传播行为的深层分析,而并不在意其研究的普遍性。因此,文化研究往往更多地使用个案研究或定性研究。

总之,麦奎尔的分类从人类传播活动的实践出发,展示了不同研究方法对同一类问题的不同关注点和采取的不同研究方式。笔者认为,相对于一对一的学科分支/研究方法的区分,这是一种较为全面和辨证的解释。

3. 社会科学研究还是人文科学研究

一个世纪以来,一个不断被争论的问题是:对人的行为的研究究竟应该应用"科学"(scientific)的方法,还是"人文"(humanistic)的方法。这一争论也反映到传播学研究的实践中来。持前一种观点的学者认为:被有效地用于解释物质世界(如宇宙的结构、物质的构成、植物的化学性质等)的"科学"方法,也可以被用来解释人类的行为(其中包括传播行为)。

这种观点认为,"科学"的方法具有发现普遍规律因而能预测未来的力量。科学方法的逻辑是演绎的,即:从假设出发,通过观察和实验,证实或证伪假设,发现规律并预测未来。规律和对未来的预测构成了理论,而新的研究又以这些理论为假设、为出发点。科学研究就如此循环并深入。

将"科学"的研究方法应用于对人的行为的研究,公认可以追溯到约翰·斯图尔特·米尔(John Stuart Mill)和奥古斯特·孔德(Auguste Comte)。米尔认为:自然科学和人文科学有着共同的目标,即发现普遍规律。因此,它们的方法可以是同样的。社会科学研究者应用了自然科学的研究方法,即可以解释人类的行为,做出预测,并改变社会状况。[①] 孔德认为,社会就如一个生物有机体,由一些互相协作的部分组成。因而,对自然科学对象的研究和对社会和人的研究可以应用同一种方法,即实证的方法,以发展出关于社会的"科学"。[②]

自 20 世纪初至今,主流的、特别是美国的社会科学研究基本接受了以上的观点。我们可以看到,在社会学、人类学、心理学等领域,大量的研究应用了从自然科学领域借鉴来的量化研究方法,并将实验、控制等技术应用到对人和社会的研究中。早期传播学研究,由于其社会科学的学术渊源,也大量应用了这些方法。比较经典的研究案例如:霍夫兰用心理实验的方法解释传播效果产生的复杂性;拉扎斯菲尔德运用抽样和实验技术进行媒介对选民态度影响的"伊里调查"。

争论的另一端是以德国学者为代表的所谓的"主观主义"或"唯心主义"(Idealistic)学派。他们的代表人物有威廉·狄尔泰(Wilhelm Dilthey)、马克斯·韦伯(Max Weber)和埃德蒙德·胡塞尔(Edmund Husserl)。这种观点认为,社会科学与自然科学是完全不一样的。在自然科学研究中,研究的客体独立于主体之外;而在社会科学研究中,人既是研究的本体,又是研究的对象,二者是不可分的。因此,研究本身并不必然是客观的。对人类社会的研究的前提是:承认人类的生活经验为其情境所极大地左右着。我们对世界的认知为我们自己对世界的解读所塑造,或者说,认知并非对外部世界的清晰和精确的反映;相反,我们应用我们的解读来选择和定义我们的认知,

---

① 参见 Lincoln, Y. S. & E. G. Guba. Naturalistic Inquiry Beverly Hills, CA: Sage,1985。

② Priest, Susana Hornig. Doing Media Research: An Introduction. Thousand Oaks: Sage,1996: 3.

后者又反过来丰富了我们的解读。另外,社会科学研究的对象是处在不断的变化之中的,对社会的研究无法像对自然的研究那样,追求所谓的普遍规律和法则。总之,社会科学研究的结果应该是描述、体验和理解性(interpretation)的,而非解释性的(explanation)。[1]

尽管这些代表人物的理论不尽相同,但他们都倾向于应用人文研究的方法研究社会现象,即在具体情境中对研究对象进行解读和体验的方法。

在传播学领域里应用人文研究方法的领域有:文化研究、文本分析、文化人类学研究、接受研究、符号互动等。由于人文研究方法传统多采用定性分析的方法,本书将重点讨论这些具体方法,并在下面的章节中做更详细的讲解。

4. 定量研究还是定性研究

与上一个问题密切相关,并且在本书中将重点讨论的是:传播学研究应该主要应用定量的方法还是定性的方法?说它们密切相关,是因为在实践中,自然科学研究多采用定量的方法,而一部分社会科学和大部分的人文科学研究则采用定性的方法。

定量方法的定义和特点:

> 概而言之,定量研究搜集研究对象的信息,并将这种信息用量(即数量)的形式给予表述和分析。比如在传播学研究中,以某个人上网时间的长短作为该人对网络的依赖的指标之一;定量研究还通过观察量的变化来建立(或推翻)变量之间的关系。

定性方法的定义和特点:

> 定性方法与定量方法相反,它不对研究对象进行量上的表述和比较,而是进行性质和特征层面上的描述和归纳。在上述例子中,定性方法不依赖上网时间的长短来判断人对网络的依赖与否,而是通过观察或谈话,从某人所处的特定环境和行为情境出发,解释该人对网络是否有依赖的问题。

---

[1] Potter W. James. An Analysis of Thinking and Research about Qualitative Methods. Mahwah, New Jersey: Lawrence Erlbaum Associates, 1996.

陈向明将定性研究的特点归纳为

——自然主义的探究传统,强调在自然情境下进行深入的体验并进行详细的、整体式的描述;这是针对定量研究对研究对象进行分解,对研究环境进行抽离和对研究结果的简约化表述而言的。

——对意义的解释性理解,从被研究者的角度出发,解释特定语境中的意义,承认研究者在解释过程和意义建构中的作用。

——研究是一个演化发展的过程,研究者视社会生活为一系列的、动态的交互过程,要及时对研究的方式进行调整,有时甚至是反复进行。

——用归纳的逻辑来形成理论和概念。

——重视研究和被研究者双方的关系和互动,承认研究者的角色、倾向等对研究结果的影响,关注研究伦理问题。①

美国学者艾瑞克森将定性研究的特点总结为:

(1) 密集的、长期的、实地的参与。

(2) 对现场笔记和其他文献资料的详细记录。

(3) 对研究结果的详尽的描述。②

通过以上对定量和定性研究方法的特点的对比,我们可以看出,定量和定性方法最根本的区别是二者的前提不同,即:研究者是否相信社会现象可以转化为量的表现形式、是否相信研究者能够独立于事物之外,因此客观地获取关于事物的"量"的信息等方面的信念不同。

具体来说,二者的不同体现在以下几个方面:

1) 研究的目的:定量研究的终极目的是发现规律,以推论整体,预测未来或控制未来;定性研究的目的是了解、解释和理解研究对象;理解并不必然导致对现象的预测和控制。

2) 研究者的角色:定量研究者认为,研究者与研究对象可以互相分

---

① 陈向明. 质的研究方法与社会科学研究. 北京:教育科学出版社,2000.

② Wimmer,R. D. & Dominick,J. R. Mass Media Research:An Introduction, 5th ed. Belmont, CA:Wadsworth,1997:83.

离,研究者是外在于研究对象的;而定性研究者认为,研究者是研究过程的一部分,他不可避免地要"参与"以至"影响"到对研究对象的观察和解读。

3) 研究环境:定量研究可以在人造的环境中进行,而定性研究则力争在实地和自然的环境中。

4) 研究设计:定量研究要遵循事先拟订的计划,并在研究过程中严格遵守;而定性的计划会随着研究的进展而调整。

第二章
定性研究的解释框架

>>>

一、定性研究的特征
二、定性研究的方法论来源
三、对传播研究的影响
四、对定性研究方法的批评

一、定性研究的特征

定性方法是通过对研究对象的性质和特征的描述和归纳来解释和建构现实的方法。定性方法有以下几个特征。

1. 定性方法更关注研究对象发展的过程,而非结果。
2. 定性方法关注"意义"的构建,即:人是如何赋予自己的生活、经验和外部世界以"意义"的。
3. 定性研究是解释性研究,研究者试图理解通过语言、声音、姿势、图像和其他社会活动形态所表达的传播行为、过程和意义。
4. 研究者是资料收集和分析的主要"工具",资料经过研究者这个中介而获得意义;研究者与被研究对象经常处于互动之中。
5. 定性方法包括实地考察。研究者可以亲临研究现场,在自然环境下对对象做观察或记录。
6. 定性研究的逻辑是归纳,研究者通过对个别现象的解释和抽象来建构概念、假设和理论;假设和理论的建构往往产生于研究过程中。
7. 定性研究的结果用语言、符号而非数字来表达。

另有学者将定性研究方法的特征总结如下。

1. 自然情境:研究的对象是真实环境中真实的人的生活经验,而不是被控制和被操作的环境,即,在自然发生的情境中去研究人的行为。
2. 参与者的视角:从行动者在具体的社会情境中赖以行动的观念出发,以他们的视角来理解他们的行为。
3. 研究者作为资料(数据)的收集工具:研究资料由研究者亲自收集。作为工具的研究者要具备心智和能力;同时,所搜集的资料不可避免地带有研究者的主观痕迹。
4. 长期的、直接的时间投入:这是由定性研究的实地性、体验式特点决定的。

5. 以意义为中心：作为定性研究的哲学基础之一的韦伯的"理解"概念，强调描述个体用以理解社会环境的意义。符号互动学则认为，人对事物采取的行动是以这些事物对人的意义为基础的。

6. 整体性与复杂性：定性研究避免把社会环境肢解成孤立的、不完整的、不连贯的变量。定性研究承认现象的复杂性，其资料要包含被研究对象的多个侧面和多种意义。

7. 主体性的研究设计：定性研究否认任何科学研究中纯粹客观的可能性。发现和阐释无法脱离主观判断。

8. 形成性的研究设计：研究在开展过程中不断变化，不可能预先构思一个完美的设计方案。也就是说，研究方案的设计要有相当的弹性和余地，以便能随着研究的深入和发现而进行修正。

9. 归纳式的资料分析。

10. 反身性：定性研究考虑到研究者与被认知对象是不可分的。反思自己对研究施加的影响，尽量控制自己的偏见对提高研究的效度和完整性来说是必不可少的。[①]

如果说传播活动就是一系列建构意义的活动，那么，应用定性方法研究传播活动，就是要发现这个建构活动的过程，以及这个过程对于参与它的人们意味着什么。比如，在网络时代，人们通过网络进行交流（如：QQ）或发表意见（如：BBS）。应用定性的研究方法研究这些现象，我们并不仅仅关注网上信息的所指（signified）和效果（effect）；相反，定性方法更关注这些信息给传播者和接受者建构了何种意义和现实。在定性研究者看来，网上信息的意义并不是固定的。信息的效果取决于传播者和接受者个体独特的对意义的建构和解构的方式。定性研究所使用的方法，如深入访谈、观察甚至参与等，可以使我们了解到活的、变化中的和永远处在特定话语环境中的网上传播形态，而这是以数字测量为出发点和最终目标的定量研究方法所无法解释的。

---

① 哈奇. 如何做质的研究. 朱光明，译. 北京：中国轻工业出版社，2007.

二、定性研究的方法论来源

定性研究方法的核心是,它是一种以"解释"(interpretation),而不是"证明"为目的的方法。定性方法大约有以下的几个方法论来源。

1. 理解的概念和解释学

19世纪末20世纪初,出于对18世纪启蒙主义时期以斯图亚特·米尔和孔德的理性哲学和实证主义方法在人文和社会研究中的广泛应用的怀疑和担心,出现了狄尔泰(Wilhelm Dilthey)称之为"理解"(verstehen/understanding)的概念,即,需要从行为者的角度去理解社会现象。建立在"理解"的概念上的"解释学"(hermeneutics)方法,最初只是被用于古代建筑领域,而最终被应用到对其他文本的解释中。解释学的核心是:要不断地参照文本的情境来解读文本本身。这种方法也可以应用到对任何"意义"的解读之中。

2. 民俗学方法论

民俗学(ethnomethodology)方法论是由美国社会学家哈罗德·加芬克尔(Harold Garfinkel)提出的概念和方法。民俗学方法论认为,社会现实是人们相互交往的活动,是相互交往的参与者对现实的社会构造。社会事实不是社会学分析的结果,而是交往者创造的过程自身。此过程存在于日常生活之中。这种方法探求那些我们习以为常的行为是如何形成的。"方法"在这里不是指科学研究的方法,而是指作为常人、普通人的我们获得认知、采取行动的途径和准则。我们去上课、看电视、与人谈话,这些活动的方式和程序已经被我们熟悉,成为我们"日常"的活动。并且,我们从不会怀疑其他的人也会依同样的方式和程序来完成同样的活动。然而,这恰恰是"民俗学方法论"所关注的问题,即:人们是如何达到这样的认识的?人们是如何将这些表面的方式和程序、秩序看做必然和客观现实或准则的?加芬克尔所代表的民俗学方法论的核心,就是用解释和理解的方法对常识性行动和情景过程进行说明。

3. 符号互动学

符号互动学（symbolic interactionism）一种主张从互动着的个体的日常、自然环境去研究人类群体生活的社会学和社会心理学理论派别。该理论源于美国实用主义哲学家詹姆斯（William James）和米德（George Mead）的著作。

符号互动理论认为：人对事物所采取的行动是以这些事物对人的意义为基础的；事物的意义来源于个体与其同伴的互动，而不存于这些事物本身之中；当个体在应付他所遇到的事物时，他通过自己的解释去运用和修改这些意义。这个解释过程，或者说定义过程，就是一种符号互动。

符号互动理论认为，语言是心灵和自我以及意义形成的主要机制。人的人际符号互动，主要通过自然语言进行。人通过语言认识自我、他人和社会。

符号互动理论不承认有绝对的现实存在。相反，现实是不确定的，也就是说，我们所看到和生活在其中的现实是多重的，永远处于变动之中。现实产生于人与其他社会分子对意义的不断解释和建构的协商和磨合。①

4. 文化研究理论

文化研究（cultural studies）因其研究内容的丰富而很难用一个定义概括。符号学、社会学、文化人类学、民族志研究、文学批评、女权主义理论、后结构主义研究等等一系列理论的一个共同的关注中心，是意义（signification）的建构。可以说，从这些不同的领域和角度研究意义的建构，就是文化研究的核心。

按照文化研究代表人物英国学者雷蒙德·威廉姆斯（Raymond Williams）的理解，"文化"是英语中最难以定义的两三个词语之一。②

文化可以是：1）知识、精神和审美的一般过程；2）一个人群、一个时期，

---

① http://baike.baidu.com/view/430033.html.
② William,Raymond,*Keywords*, 1976, London: Fontana, p.87, 转引自 Lindlof, 第50页。

或人类整体的一种特定的生活方式;3)知识或艺术活动的产品和实践。① 威廉姆斯认为,虽然三种定义密切相关,但在社会科学研究领域,第二种定义是最贴切的。文化是一个综合的生活方式的体系。通过这个体系,人们建构他们的社会活动的意义,这些意义又通过这个体系而世代相传。

文化研究认为,文化的承载者是"文本"。此处的文本泛指承载意义的所有形式、类型和内容。运用文化研究方法研究"文本"时,研究者需要"浸淫"(immersion)到一个文本产生的过程中去,记录这个"浸淫"的过程。

文化研究的另一个共同特点是它们的批判性。文化研究不仅仅将意义的建构看做一种社会现象,而且关注权力在意义建构过程中的作用。西方马克思主义对资本主义意识形态的"自然化"的研究、葛兰西关于"文化霸权"的概念,都在研究文化在资本主义意识形态获得统治地位过程中的作用的同时,提出了其价值、权力和经验的权威性等问题。

三、对传播研究的影响

以"理解"为核心的理论和思想对传播现象的研究产生了巨大的影响。

1. "对话分析"(conversation analysis)

用民俗学方法研究对话,将对话看做是一个互动的过程。如,哈维·赛克斯等人对对话过程的研究,探求对话如何以"闲聊"的方式开始,话题依什么样的顺序和逻辑转换,对话如何越过障碍而得以继续等等。②

"对话"研究关注的是人们之间看似无意的闲聊是如何表现为一套"完整"和"完美"的程序的。在方法上,对话分析依赖在自然状态下,用录音机记录下来的"原装"话语。此外,对话的情境也在对话分析的考虑之中。分析的结论是对对话的"解释"和"理解",而非"统计"。

---

① William, Raymond, *Keywords*, 1976, London: Fontana, p. 87, 转引自 Lindlof, 第 50 页。

② Sacks, H., Schegloff, E., & Jefferson, G. A Simplest systematics for the organization of turn-taking for conversation. *Language*, 1974, 50: 696—735.

2. "准则的概念"(rules)

一些学者应用民俗学方法对传播活动中的"准则"进行研究。民俗学研究强调"准则"在社会行为中的重要性。人在社会行为中遵循的"准则"是社会结构的体现,并指导行为者在特定的场合采取"适当"的行动。具体而言,在传播活动中,行为者的传播规范是他们通过认知而"习得"的。用这样的"准则"概念,可以解释人在传播互动中对"准则"和秩序的确认或修改的行为。传播学研究关注的问题还有,有主观意志和意识的传播者在从事这些由"准则"所主导的传播行为时的状态;人们是否可能"言说"出这些他们所遵循的"准则";在"准则"的总体制约下,突破"准则"有多大的可能,以及"准则"的普适性等等。

3. "建构理论"(constructionism)

建构理论吸取符号互动学的原理来研究人际传播中人是如何根据其对社会角色的认知来协调和调整他们的传播方式和策略的。建构理论认为,人有对不同传播情境做出不同反应的能力,而人对自我和环境的认知是与这种能力相联系的。这正是符号互动学理论的核心。(见本章第二节,3)另外,建构理论还关注人的社会化、社会认知、角色与身份的确定和修正以及人际关系的协调等问题。组织传播研究中关于组织文化的神秘性和程式化现象、组织内部的日常互动和冲突的处理等问题,都可以从符号互动理论的角度来研究。

4. "文化研究"

文化研究理论对传播学的影响非常大,也非常直接。文化研究理论所指导的对(广义的)传播和文化的研究构成了传播学的一个重要领域和学派,即第二次世界大战后出现在英国伯明翰大学的媒介和文化研究学派。文化研究学派的出现是对这一时期资本主义社会中出现的如教育的普及、阶级界限的模糊,特别是大众媒介对社会各层次的渗透等现象的反应。至20世纪六七十年代,伯明翰学派将符号学、心理分析、民俗学和新马克思主义等方法引入对日常文化和社会实践的研究中。他们关注的是工业化社会条件下,在音乐、电视剧、新闻、舞蹈和其他艺术文化形式中,"政治意义"是如何建构和发挥作用的,如:一些社会边缘群体是如何通过文化和艺术的形式获得社会空间和身份认同的。

四、对定性研究方法的批评

在传播学研究的传统中,始终存在着关于哪一种方法更适用的争论。如前所述,由于传播学的社会科学渊源和对自然科学方法的借鉴,早期的传播学研究,特别是关于媒介效果和媒介内容的分析,更多地采用了量化的研究方法,如,关于电影中的暴力镜头对儿童行为影响的实验、受众状况调查、媒介市场调查、广告效果研究,以及媒介的议程设置功能研究等。这些研究成果对传播学学科发展作出了巨大的贡献。此外,20世纪前半叶传播学研究的大发展与科学技术的飞速进步几乎是同步的。对"科学"和"科学方法"的尊崇在一定程度上也对"科学的"定量方法的主流地位的奠定起了促进作用,同时也导致了对定性研究方法的批评。

这些批评认为,定性方法是"软科学"。其所以"软",主要表现为以下几方面。

1. 选择研究样本和数据不完整。
2. 测量工具模糊,不精确,不足以用"量"的尺度来衡量和区分。
3. 对研究方法和过程的描述不够清楚和精确,不足以使后继的研究者重复研究。
4. 无法控制或排除干扰因素,无法保证研究的信度,因此无法证实或证伪假设。

总之,如果一项研究的结果只适用于某一特定的情景或人群,而没有普遍和因果预测的品质,那么这种研究的意义何在呢?

肯定的一端认为,定性方法对于一些涉及文化、解读和权力等概念的研究课题有定量方法所不具备的优势。在他们看来,人类行为的意义本身就是不确定的,而定性的方法要求研究者对情境进行深入的体验,因此可以更真实彻底地、从本质上对其进行解读。

事实上,随着我们对人类传播活动复杂性的认识的深入,一些新的研究领域被开拓出来,如:传播技术的创新与扩散问题、大众传媒与社会发展和人的现代化问题、国际传播中的各种问题、使用与满足研究、对媒介文本的不同解读等。这些问题仅仅应用定量的方法很难获得完整、深入的解释。从 20 世纪 80 年代以来,运用定性方法的西方学者在不断增加。

另一个新的趋势是在一项研究中两种方法并用。不少研究者看到,传播现象的质和量的规定是互相交叉、相辅相成的。事物的根本区别表现在它的质的规定性上,但量的变化会影响到事物的性质,所谓"量变引起质变"。作为认识世界的两种方法,定量研究和定性研究各有特点和侧重。在某一具体的研究中,要根据论题的需要来选择方法,有时二者并用,能使研究结论更全面、更深入。

第三章
定性研究的基本问题与类型

一、定性研究的基本问题
二、定性研究的基本类型

一、定性研究的基本问题

严格地说,定性研究方法是一个笼统的概念。它是对一些有共同特征的搜集和解释研究资料的方法的统称。

在第二章,我们谈到了定性研究方法的定义及其特征。那么,什么样的问题适于用定性研究的方法? 由于定性研究具体方法的多样性,不同的研究者的关注点并不相同。然而,如我们在第二章中所展示的,定性研究方法具有某些共同的本体论、认识论和方法论来源,因此,定性研究关注的具体问题具有明显的共性。

大致来说,定性研究方法提出了以下几类问题。

> 发生了什么样的传播事件?
> 这些事件的形态是什么?
> 是否有超出常规的情形?
> 传播的参与者是如何解释和应对这些事件的?
> 他们是如何在解释和应对的过程中建构"意义"的?
> 他们在这些事件中是如何互动的?

美国学者波特认为,定性研究关注的问题是,人是如何建构意义的,以及这些意义是如何通过符号和语言被表达出来的。定性研究认为,语言及符号是人和社会交往的最主要的媒介。这种交往即是对社会的接触、认识和由此产生行为的过程。[①]

波特将传播学定性研究关注的问题分为三个方面:媒介文本,媒介机构和传播对象,即受众。对媒介文本的研究旨在分析媒介文字和图像,并试图从中发现文本的制造者(有意识或无意识)的意图。对媒介机构的研究揭示的是中观和宏观层面上的"意义"的生产过程。例如,可以通过对新闻生产过程的分析来看文化如何影响了新闻工作者的行为,而他们的行为又是如何影响了新闻的"意义"建构的。定性研究问题的第三个方面是,传播的接

[①] James Potter. An Analysis of Thinking and Research About Qualitative Methods. Mahwah;NJ: Lawrence Erlbaum Associates,1996:67.

受者如何利用媒介,如何通过对媒介符号的解读来建构"意义"。

波特列举了传播学定性研究的几种方法,并针对以上三个方面的问题,说明了这些方法在具体研究中的应用。(关于定性方法的详细步骤,我们将在以下的篇章中介绍。)

1. 受众研究

研究问题例1:少年儿童如何通过电视新闻获取关于时事的信息

方法:参与观察

研究者设法获得许可,进入少年儿童的家庭,经常性地去他家里访问。观察的内容包括:

(1) 看电视的活动,并记录少年儿童在看电视时说的话。

(2) 看完电视后,在学校内外与其他儿童互动中是否提及刚刚看过的新闻,以期发现儿童对新闻的解读是否有一定的规律,以及这样的解读是否受到其他儿童、他的家庭和学校的影响。

(3) 从符号互动学的角度,观察符号与新闻解读之间的关系。这里的符号可以是电视屏幕上的符号,也可以是观看环境中的其他符号,如观看时的话语议论,甚至着装。通过此类观察可以发现:在看电视这样的社会互动中什么样的符号是重要的;儿童是如何赋予这些符号以"意义"的;这些意义又是如何在社会互动中被强化或被改变了的。

(4) 从环境心理学的角度,观察环境和人之间的互动关系。比如可以观察儿童家庭家具的摆放、住房的安排,特别是电视的位置,是否有利于(或不利于)儿童对所看电视新闻的讨论和理解。

研究问题例2:人对媒介内容的解读是如何与其性别、种族或文化相联系的

方法:焦点小组访谈

研究者给一组人(来自不同国家的犹太人、来自以色列的阿拉伯人等)观看一集美国电视剧《达拉斯》,然后与他们进行讨论。研究发现,此类电视剧给不同的受众提供了多层次的解读和参与的可能。研究发现了三种主要的解读类型。

(1)"传统"的受众。他们与电视剧保持一定的距离,"现实"地观看,并用自己的价值体系去"对抗"剧中的内容。

(2)来自西方国家的以色列人。他们抱着"玩世不恭"的态度看待剧中的情节。

(3)来自俄罗斯的以色列人。他们最认真地对待剧中的情节,特别关注情节所隐含的对他们来说具有象征性的意义。

2. 机构研究

研究问题例1:广告公司是如何制作出电视广告的
方法:观察、访谈

研究者获得进入一家广告公司的许可,观察一幀广告的生产过程。具体来说,他可以观察以下几方面。

(1)在公司里,谁有正式的地位,如制作人、导演或会计等?

(2)谁处于非正式的地位,如没有正式头衔,但提供思路或创意的人等?

(3)在这样的生产环境中,每个人是如何作出各自的决定,又是如何互动的?

(4)这样的生产"模式"是如何影响整个生产过程的?

(5)从符号互动的角度,观察者还可以观察,在这样的环境中有哪些有"意义"的符号,比如,生产团队的成员通过哪些符号来获知谁有决定权,决定又是如何在这些成员的互动中得以"协调"和发挥作用的。

研究问题例2:个体创造性在电视剧制作中的角色
方法:观察、访谈

研究者通过观察电视剧制作过程和访谈回答以下问题。

(1)电视剧制作的具体流程是什么?

(2)编剧、制片人、导演和演员各自的角色是什么?他们是如何合作和协调的?

(3)外界角色,如电视公司、广告公司、管理机构和其他有关机构是如何施加他们的影响的?

(4)"明星"在制作过程中是否有特殊的权力？

(5)在机构、组织和个人层面,个体的创造性受到了什么样的制约？

3. 文本研究

研究问题例1:新闻报道是如何塑造少数民族的形象的

方法:文本的话语分析

话语分析是文本分析的一种方法。(见本章第二节,4.文本分析)

话语分析的假设是,文本是世界通过语言(或其他符号)的表达。文本中带有一系列社会和经济的价值观。在大众媒介中,新闻中的每一次语言和符号层面上的表达,如措辞、结构等,都不是无序的和偶然的。相反,表达上的不同是不同价值观和意识形态的反映。也就是说,同一个事件,可以表达成不同的新闻故事。

新闻报道如何塑造少数民族的形象,可以通过下面几种不同层面的分析来完成。

(1)选择一些经常报道有关少数民族问题的媒介。

(2)分析词汇选择:分析其所使用的描述少数民族的词汇。

(3)分析修辞方式,如主题、结构、比喻等修辞手段。

(4)中观层面,即新闻报道的选题之间的关联、表达的总体特点以及版面的处理等。

研究问题例2:新闻记者行业杂志对"9·11"事件的描述[1]

方法:修辞分析

修辞分析是文本分析的另一种方法。

修辞分析回答的问题是,文本是通过何种文字和其他符号手段表达的。更具体地说,修辞分析研究的是文本的表达方式。这些方式包括材料的组织、文本的结构、展现的形式、修辞手段的应用、推理和论证的逻辑等。

---

[1] Parameswaran, Radhika. Military Metaphor, Masculine Modes, and Critical Commentary: Deconstructing Journalists' Inner Tales of September 11. *Journal of Communication Inquiry*, V.30, N.1, Jan. 2006: 42—64.

在上面的研究问题中,研究者期望通过记者的行业杂志来发现记者对"9·11"事件的报道的体验。在这项研究中,可以通过修辞分析法回答以下问题。

(1) 记者在描述和总结他们关于"9·11"的报道时使用了哪些比喻和用语?

(2) 记者们认为,在发表这些关于报道"9·11"事件的体验时,需要哪些条件,需要有哪些知识储备?

(3) 记者在描述和回忆这些体验时,是如何界定和评价何为"成功"或"失败"的报道或记者的?

(4) 在这些描述中,媒介文本中的传统暗含的概念,如"技术决定""大男子主义""西方中心"等,是否出现在记者的行业杂志中?

二、定性研究的基本类型

如我们前面所说,定性研究是一些具有共同特点的研究方法的统称。在下面的一节里,我们介绍传播学研究中最常用的四种定性方法。根据第一节中波特所概括的定性研究所关注的三方面问题,这四种方法和它们的主要研究对象分别是:

1. 观察:传播机构(含传播者)和受众(传播对象);
2. 访谈:传播参与者;
3. 焦点小组:传播参与者;
4. 文本分析:文本。

1. 观察

(1) 定义

顾名思义,观察法即通过观察(相对于如实验法或问卷法等)来获取研究资料的方法。具体来说就是,研究者深入到被研究者的环境中去,通过实地观察,甚至参与他们的活动来获取资料。观察法也称实地观察法。"深入实地"是观察法有别于其他搜集资料方法的关键。在观察法中,研究者实地考察并记录下研究对象的传播活动。在某些观察中,研究者甚至在不同程度上参与到被研究者的活动中去,以体验他们的经验。

具体来说,观察者需要做到:

1) 在一定时间段内深入要研究的环境;
2) 将观察到的现象做清晰、具体的记录;
3) 对研究对象的观察既要遵循统一的模式,又要有个体的灵活性;
4) 将环境、参与者和他们的活动有机地联系起来;
5) 区分传播活动所发生的社会背景中的诸因素。

(2) 观察者的角色

按照社会学的理论,任何社会角色都具有双重色彩,即固定色彩和情境色彩。社会角色的固定色彩是:在社会系统中,该角色的某些固定的行为、责任和权利;社会角色的情境色彩是:每个角色都要在特定的情境中,随时调整自己与某个特定的他人的关系,以及自己的行为。

观察法中,研究者在观察的情境中的角色通常有两种:他或者"扮演"该情境中已经存在的某个角色,或者调整原情境中的某个角色以适应他的研究目的的需要。

观察者的情境角色,根据其在被研究情境中的参与度,可以分为三种:完全的参与者,作为观察者的参与者和完全的观察者。采用哪种角色,取决于研究问题的需要。不同的参与方式对所获取的资料的质量、可信度和数量都会产生影响。

1) 完全的参与观察。

在这种方法中,研究者的资料是通过参与被研究对象的活动来获取的。

研究者的身份通常是隐秘的,也就是说,被研究者并不知道他们在被观察和研究。通常,由于研究问题的需要,或由于被研究对象不可公开接近,完全参与观察方法可以获得比较"真实"和自然的资料。

尽管有以上的优点,完全参与观察通常对研究条件有较高的要求。首先,它需要研究者有较长时间的参与,才能确保观察到被研究的活动的自然发展状态。与被研究对象之间建立一定的信任关系也需要一定的时间。另外,完全参与者与观察者的双重身份对研究者的素质要求也比较高。研究者既要能够深入"角色",参与活动,又要与被研究对象保持一定的距离以便能"清醒"地观察。最后,是职业伦理的问题。在被研究者不知情的情况下对其言行进行记录是否符合职业伦理,是一个非常敏感和棘手,也是比较有争议的难题。关于定性方法的伦理问题,我们将在第十章做更多的讨论。

2) 作为观察者的参与观察。

研究者在进入研究环境前,有公开声明的研究目的。同时,研究者要决定什么样的参与角度或地位能够给他以最大限度的观察结果。被研究者知晓研究者的身份与目的。但是,作为观察者的参与者并不一定完全参加被研究对象的所有活动,尽管二者之间也需建立较固定的联系。举例来说,如研究家庭成员之间是如何协调使用电视的,研究者需要以公开的身份获得允许进入被研究的家庭,并部分地参与到这个家庭的生活中,特别是与观看电视有关的生活中。他不会参与到家庭成员对如何使用电视的"谈判"中去,但通过参与他们的日常生活,包括使用电视,他可以观察到哪个家庭成员喜欢看哪个频道,谁握有优先权,谁握有决定权,谈判的不同结果给家庭成员的关系带来的影响等等。

与完全的参与观察相比,由于知道自己的被研究的身份,被研究者对研究者的信任对研究的进行和成功就更为重要。研究者应该不断地将研究的进度向被研究者说明,并保持自己参与观察者的身份。与完全的参与观察相比,研究者和被研究者之间的互动的程度更高。同时,双方必须保持一个适度的相处空间,使得研究者既能通过参与获得所需的资料,又不因为参与过度而干扰被研究的自然状态。

3) 完全的观察。

顾名思义,在完全的观察中,研究者并不参与被研究对象的活动。进一步说,被研究者不仅不知道谁是观察者,他们也许根本就不知道有这样的人存在于他们之中。因此,与完全的参与方法一样,完全的观察方法也是隐匿的。然而,二者的最大不同在于,完全参与方法的资料获取是通过与被研究对象的交流,通过对他们活动的体验获得的;而完全的观察方法则有赖于研究者个体对方法的掌握。尽管与完全的参与相比,完全的观察方法对被研究对象的活动的干扰降到了最小,但从观察方法的"接触和体验"的主旨来看,这种"距离感"却又恰恰构成了一个弱点。

理想的完全观察的情景应该是"自由进出"的,如:对无组织的、临时的人群的观察。另外,观察者离被观察对象的时空距离越远,越有利于隐秘地观察。现代传播技术和手段使得远距离观察成为可能,比如,可以利用摄像机、录音机、照片和互联网等作为观察的媒介。当然,此处应该考虑到通过媒介所获得的资料和现场观察到的资料这两者间的区别。

下面的图例说明了三种不同的观察方法的差异：

作为观察者的参与观察

完全的参与 ←——————————————→ 完全的观察
主观的解释   客观的解释
对被研究对象的认同   对被研究对象的不认同
参与   保持距离
隐匿   公开

（3）有效的参与观察

参与观察方法的有效性来自于其"实地"性。在研究过程中，参与和观察两种活动同时在两个层面上进行：观察者通过参与，熟悉了能被观察对象接受的活动规范；观察者掌握了对所观察到的现象做出准确、详细和具有理论价值的描述的技巧。做到这两点并不容易。

林德洛夫将观察法对研究者的特殊要求概括为如下几项

1）对边缘状态的容忍和适应

观察者对研究对象活动的参与，往往是临时性的（尽管需要一个相当的时间段）。这种临时状态使研究者在研究环境中处于边缘状态，始终是一个"小人物"。同时，研究者需要在个人的"真实"世界和所参与观察的世界二者中频繁地转换角色，要频繁地调试自己的行为和心理，如在个人的文化认同和对研究环境、对象的文化认同之间的转换等。与其他一些定性研究方法一样，研究者与被研究对象的关系的不确定性，是参与观察研究的有效性被诟病的"软肋"。

2）文化差异

关于文化（年龄、性别、种族等）对实地观察的影响有许多研究。一些研究认为，文化因素在进入被研究的环境时起了很大的作用。比如，一位女性研究者很难获准进入关押男性罪犯的监狱。相反，相似的文化特征可以在研究者和被研究对象之间建立一种共同的体验的基础。共同的基础有利于了解和理解，并可能发展成为相互的信任，从而使获得的资料的质量得到提高。另外，相同的文化特征使得研究者在进入实地之前有较多的关于研究对象的某些具体知识，有利于对研究对象的了解和描述。

然而，研究也发现，不同的文化背景有时也是个有利因素。由于不同，观察者可能会有"新鲜"的发现或感受。对不同于自己的对象的研究，本身可能就是研究的动力和灵感的来源。

3）做"好人"

研究者的个人素质在参与观察方法中的重要性不言而喻。好的研究者应该是一个"好人"。"好人"在这里意味着善解人意，谦虚诚恳。一个"好人"会在研究对象中较快地建立起信任，从而被接受。

研究者需要具备良好的人际交往的能力，知道什么时候应该更内敛，什么时候可以更活跃，什么样的信息可以与研究对象共享，什么样的信息应该保密。人际交往技巧的应用取决于当时当地的情境及与被研究对象的关系。

4）即时推断的能力

实地观察要求观察者不但能够观察到细节，而且能观察到"有用"的细节。有用的细节是那些可以相互联系起来对研究的对象做出有价值的解释的论据。观察并捕捉到这样的细节需要研究者具备即时推断的能力，即，当即决定这些细节与所研究的问题之间是否有逻辑层面及理论层面上的联系。这个决定是一个抽象的推断过程。进行抽象层面上的推断能力在所有的科学研究中都很重要，但在应用实地观察方法的研究中尤为关键，因为，有价值的细节可能转瞬即逝，并且不可重复。[1]

观察方法与其他研究方法的不同之处还在于：它是在与研究对象建立关系的条件下进行的，与研究对象的关系的性质和质量在很大程度上影响着研究的结果。因此，观察的过程常常具有不确定性并有相当的难度。难怪有研究者将观察方法称为"系统的观察，松散的技巧"。[2]

莱博维斯和海格道恩（S. Labovitz & R. Hagedorn, 1971）认为，参与观察法有五大优势和五大劣势。

参与观察法的五大优势是：

- 观察是在"真实"环境下进行的；
- 观察者可以观察到研究对象"情感"层面的反应；
- 可以同时获取大量的信息；

---

[1] Lindlof. 1995:136.

[2] Weick. Systematic observation methods. In G. Lindzey & E. Aronson (Eds). Handbook of social psychology: *Vopl*. 1. Theory and method, 3rd ed. New York: Ransom House, 1985: 567—634.

- 可以记录下观察到的"情境"(context)信息；
- 如果观察者能与被研究对象建立"默契",则可以提出用其他方法无法提出的"敏感"问题。

参与观察法的五大劣势是：

- 泛泛的观察的结果缺乏可靠性；
- 观察者的参与可能会使被研究者过于敏感；
- 观察者的角色可能会限制他的活动和观察；
- 观察者的过分参与可能会使他失去"客观"的视角；
- 观察者基本只能"被动"地等待所要观察的事件发生。[1]

2. 访谈

(1) 定义

访谈是通过向被研究对象提出问题而获取资料的方法。具体来说,研究者设计出一种谈话的环境,以鼓励被研究者说出对所研究问题的看法、意见、感受等等。有学者将科学研究中的访谈法称为"有目的的交谈"。

(2) 应用

访谈法是传播学研究中的一个常用方法。它的研究对象是传播过程的参与者。

访谈法的目的可以分为如下几种。

1) 获取其他方法无法获取的资料

访谈者对某次事件的叙述不能等同于事件本身,但成功的访谈却可以获得其他研究方法无法获得的资料。比如,要了解人们在读书时的自我交流活动,观察方法显然是不适用的。唯一的途径是通过与本人的谈话。

2) 了解某一社会角色的特定视角

对特定的社会角色的语言或行为的了解可以通过深入其角色中体验,也可以通过角色本人的叙述。前者可以采用我们前面所介绍的完全参与观察法。但是,参与观察法的研究者毕竟是"局外人",他的观察和记录以至解

---

[1] Labovitz, S. & Hageborn, R. Introduction to Social Research. New York: MacGrow-Hill Book Co. ,1971:56—57.

释都不可避免地带着自己的视角。而访谈则可以在很大程度上弥补这一不足。访谈所追求的是一种独特的表达,一种只有"局内人"才可能有的视角。

3) 引出并了解被研究者在自然状态下的特定的表达方式,如:使用的词汇、惯用语、行话和形式等

学会并使用特定社会阶层的"语言",是融入这个阶层的重要条件。例如,与网络时代的青少年交往,如果不懂得网络语言,则很难深入到他们的文化中去。在访谈中,研究者鼓励被访问者以他们在自然状态下所使用的语言习惯讲话,可以解释表达方式与特定的社会阶层和情境的关系。

4) 证明或补充从其他研究方法中获得的资料

在某项研究中,可能需要使用不同的方法来获取资料,以互相补充和佐证。比如,使用观察方法获取第一手的资料。但由于观察法的一些内在局限,如一些情境的不可接近性、研究者本人的局外人的视角等,仅仅基于观察法得来的资料并不充分。访谈当事人、旁观者,以及熟悉被研究情境的人,可以作为必要的,甚至不可或缺的补充。

5) 求证已经提出的假设

(3) 类型

访谈法的执行具有较大的弹性。根据研究题目的需要和研究条件,访谈的时间、长度、地点和场合都可以具体确定。访谈的方式可以是渐进的,即分阶段进入最重要的主题;也可以是开门见山,直奔主题的。访谈的方式和进度也可以在访谈中视情况和进展加以调整。

林德洛夫概括了以下几种访谈的方式。[①]

1) 民族志方式

这是一种最具有"聊天"性质的访谈。也有人称之为"情境谈话",意即,访谈是穿插在对访谈对象的接触之间进行的。这种访谈常常与观察方法同时使用。受访者往往意识不到是在被访问。通常,访问者由一个不经意的话题将谈话引到所需要了解的主题上去。

2) 知情人访谈

在实地调查中,研究者有时会发现,某些人对研究的题目有更大的价值。例如:在对传播机构的研究中,机构的负责人有更多的了解,有更大的活动范围,可能提供比一般职员更多的资料;某些人可能对特殊场景和情境

---

① Lindlof. 1995:170—173.

有更多的经验和体验;或者,由于某些人的特殊身份,甚至因为对某些问题持有异议,就可能属于在这个情境中的"知情人"。研究者事先需要详细了解这类受访者的背景,并与之进行多次的接触,以决定访谈的时间和地点。知情人访谈方法的访谈时间一般比民族志方法要长,要更深入,更有结构性。

3) 问答式访谈

问答式访谈一般采用开放式的问题。而访问者的问题是预先设计好的。与前两类访谈方法相比,问答式的问题具有较强的结构性和可比性,因此,可以用于较多的研究对象。另外,由于问题的结构性强,被采访者诠释问题和自由发挥的余地较小。也就是说,在问答式访谈中,主动权更多地掌握在访问者手中。

问答式访谈中,访问者与受访者在采访以外接触一般较少,访问一般在一两次之后结束。

问答式访谈是传播学研究中历史最久的访谈方法。拉扎斯菲尔德在1944年描述了这种方法的目的[①]:

- 澄清一些流行的概念和意见;
- 区分某些已有的看法的形成因素;
- 发现决定某个人的某种行为和意见的影响因素;
- 对纷繁糅杂的态度、行为进行分类;
- 了解人们对自己行为和动机的解释和归因。

4) 叙述式访谈

叙述式访谈与其他几种访谈方法的最大不同在于,访问者的任务仅仅是提供一个话题,提供一个良好的谈话氛围,而不是去指导或主导谈话。近些年出现在中国电视栏目中的"讲述"类节目,就是基于这样的访谈制作的。讲述类节目的宗旨,就如某个节目的片头中所说的:"说出你的故事"。

叙述式访谈方法的假设是,发生在人们个人生活、社会关系和社会组织中的事件,通过叙述才能够传播,才能够产生意义。有学者认为,人类具有与生俱来的"讲述"的需要。讲述中携带着的符号和信息,是人从事社会交

---

① Lazarsfeld. The controversy over detailed interviews. *Public Opinion Quarterly*, 1994, 8:38—60.

往和各种活动的重要依据。

与电视中讲述类节目只关心叙述的内容不同,传播学研究中的叙述式访谈利用"讲故事"的形式获取研究资料。这些资料包括:叙述的方式、叙述的内容以及功能等。换句话说,传播学研究中应用叙述式访谈,既关心叙述的内容,也关心内容是如何叙述的。

叙述式访谈的主角是被访问者。此类访谈通常是就一个较大的题目进行深入的叙述,比如,讲述一个人的生活经历、一段社会历史等。而这些题目的讲述往往需要回忆、联想。讲述往往不可能一蹴而就,而经常出现停顿、重复,甚至前后矛盾。访问者需要表现出耐心,特别是理解。由于这些特点,叙述式访谈的前提条件是,访问者和受访者之间建立起较长时间的互相信任的关系。在实际操作中,访问者要尽量允许叙述者循着自己的思路,或者去营造一个有利于启发叙述的对话氛围。关于叙述式访谈的具体方法,我们在下一章中还会讨论。

3. 焦点小组

（1）定义

焦点小组访谈研究是指由一位协调人主持,对一小群经过精心挑选的人进行访谈的研究方法。具体来说,焦点小组访谈是就一个研究者和被访者都感兴趣的题目进行的讨论。与以上的几种访谈方式不同,焦点小组的访谈对象不是单个人,而是一小群人。因此,其研究目的也有所不同。

（2）应用

焦点小组最早被应用在20世纪40年代第二次世界大战中对收音机鼓舞士气的作用的研究中。50年代以后,这种方法被转移用在市场研究机构对市场的调查中。此后,焦点小组方法被应用到传播学对受众的研究中。

在焦点小组访谈中,主持人(研究者)提出一个核心问题,请小组成员进行自由或半自由的讨论。研究者从讨论中发现小组成员的观点和意见,并进一步观察讨论的进展、小组成员之间的互动、合意或冲突形成的过程和机制等。

焦点小组访谈的核心目的是发现小组成员之间的不同观点和行为。

威莫和多米尼克认为焦点小组研究的具体目的有以下四种：①

1) 为一项研究获取初步的资料；
2) 为设计问卷进行准备；
3) 了解一种特殊现象背后的原因；
4) 验证某种想法或计划。

（3）特点

焦点小组访谈在传播学研究中被广泛应用，如对大众媒介的受众研究、广告效果、宣传、政治传播、跨文化传播等等。事实上，如果某项研究的目的不仅仅是发现"有什么"和"有多少"，而是"怎么样"和"为什么"出现某种意见、行为或状况时，焦点小组访谈即是一种有效的方法。

焦点小组访谈的主要优点是，可以获取针对研究问题的非常集中的资料。这也是"焦点小组"的名称的来源。

焦点小组访谈方式的另外一个特点是组员之间的互动。关于话题的各种观点、判断和体验可以通过互动和交锋浮出水面。小组成员可以从其他成员的发言中获得启发。更重要的是，他们的言语互动通常是现实社会互动的折射，而这样的信息是在一般访谈和观察方法中难以捕获到的。

其次，在其他的访谈方法中，研究者与被访者通常都是一对一的关系。更重要的是，这种关系往往呈现出不平等，研究者（访问者）通常是处于"控制"者的地位，而被访者往往会基于"压力"而回答问题。不平等的关系的另一个问题是，交流往往是单向的，缺乏互动的。在焦点小组的访谈中，协调人代替了访问者。这样的角色设定使谈话的情境更宽松，更自然。交流不再是单向的，而是多向的。协调人并不给参与者施加压力以达成共识。恰恰相反，协调人的作用是创造一种环境和氛围，使小组成员能充分地表达不同的意见。其结果是，研究者会获取更多的甚至意外的资料。

焦点小组方法也有一些内在的缺陷。

首先，焦点小组方法所获取的资料不具有大的代表性。这是由于小组成员的挑选不是完全随机的。研究者选择小组成员的标准是"主观"的，如，某些成员具有一些相似的特质。另外，访谈的过程并未受到严格的控制，随

---

① Wimmer, R. D. & Dominick, J. R. Mass media research: An Introduction, 5th ed. Belmont, CA: Wadsworth, 1997:97.

意性较大。总之,由于研究的目的,焦点小组研究并不看重其研究结果的可推广性,而着眼于它的探索性价值。

其次,焦点小组研究对研究者的素质要求较高。作为协调人的研究者可能会不自觉地"操控"谈话,流露出个人的倾向性。另外,协调人还需要使受访者获得"平等"表达的机会,防止某些受访者对谈话的"操控"。这些都需要较高的技巧。

再次,在将焦点小组讨论中所表达的观点与问卷调查的结果做比较时,研究者发现,焦点小组的访谈更会出现所谓的"同侪压力"。这种压力可能反映在两种极端的表现中。一种表现是,"压力"会压制或排除那些模糊的、中庸的观点,而适合较极端的观点的表达。问题是,很多时候,极端的观点并不一定是真实的。压力的另一种表现是造成了所谓的"沉默的螺旋"现象,即少数的观点的表达受到了压抑;或者,那些不习惯或不愿意在团体情境中表达观点的人的意见,会附和能够获得表达的意见,而形成了虚假的"合意"。

莫顿认为,一个成功的访谈至少应该具备以下四点:

1) 使受访者能针对议题做出最大范围的"反应";
2) 受访者的反应能够具体地"表达"出来,而不能是抽象的或笼统的;
3) 有深度,能使受访者描述出所谈的经验和认知的意义;
4) 受访者能在以往的经验与个人的反应和解释之间建立有意义的联系。[1]

4. 文本分析

(1) 定义

文本分析方法是用一些设定的标准评价传播的内容和信息的方法。在定量分析方法中,对内容和信息的分析一般称为内容分析;而在定性分析方法中,则称为文本分析。

---

[1] Merton, R. K. The Focused Interview and Focus Groups: Continuities and Discontinuities. *Public Opinion Quarterly*, 1987, 51: 550—556. 见李晓凤等. 质性研究方法. 武汉:武汉大学出版社, 2006.

文本分析的对象可以是传播活动中的任何符号信息。这些符号信息主要体现在传播的文本之中，但也携带在传播的行为中。比如，对一次演说的文本分析，可以涉及演讲稿的内容，也可以涉及演讲的实施，因为，演讲的实施，演讲人的表达方式、表情、手势、语调等，都携带着与传播行为整体有关的符号信息。

文本分析方法主要源于文学批评和结构语言学。文学批评将文本看做可以用某些标准来比较和评价的艺术创作。结构语言学传统对媒介文本分析的影响主要建立在以下四种假设之上。

  1）媒介文本是一系列复合的符号系统。我们通过这个系统来感知和认识世界；

  2）在媒介，特别是电视和电影中，作者和艺术家不再是意义的唯一制造者，因为大众媒介文本的意义的创造涉及了所有的人，包括受众；

  3）文本研究对象不再只限于某个单一的文本，如一部电影，而是扩大到建构意义的整个符号系统；

  4）对现实的再现不再是评价文本的标准，因为文本是人们想象的结果，而符号或文字的意义取决于它们在符号概念系统中的位置，而非它们与现实之间的直接关系。

（2）应用

我们可以用文本分析方法分析任何传播内容和符号，如，电视节目、演讲、辩论、照片、报刊、书籍、课本、网页、电影脚本等。通过对文本的分析，我们进而可以了解文本中呈现的社会和历史事件，解释这些事件的传播过程，或发现一些有效的传播实践案例及规律。

在研究传播符号和信息的过程中，我们是选择定量的内容分析法，还是定性的文本分析方法，取决于所研究问题的性质。

文本分析方法可以应用在以下几个方面的研究中：

  1）文本的特点与其效果的关系。如，研究某个人演讲中幽默手法的运用和在听众之间建立认同感的关系；

  2）文本产生效果的原因。如，一个口号为什么能获得认可并迅速传播开来；

  3）文本是否符合高的质量标准。如，一篇讲话是否有逻辑，有吸引力等。

(3) 对文本的评价标准

在定义部分，我们说过，文本分析是用一些设定的标准评价传播的内容和信息的方法。在实际生活中，我们经常会对某些事物进行评价，或接触到对某些事物的评价，如，影评人对电影的评价、书评，等等。这类评价基本上是评价人发出的"个人意见"，有些甚至仅仅可以称之为"印象"。科学研究中，或具体到文本分析中的评价却与之不同。科学研究中，文本评价必须有一套固定的、明确的评价标准。同时，这些标准是事先公开的，因而其他的研究者可以用这些标准来"核定"文本分析的信度。那么，传播学研究中的文本分析采用了哪些标准呢？

1) 亚里士多德的经典修辞学体系

两千四百多年前，亚里士多德建立了他的修辞评价体系。这一体系成为后世修辞学理论研究和技巧应用的典范，也是传播学文本分析中较常用的评价标准。

在亚里士多德的体系中，传播或表达的质量来源于传播者所能利用的所有资源的总和。他把这些能产生传播效果和魅力的资源分为三类，即信誉证明（ethos）、情感证明（pathos）和逻辑证明（logos）。

信誉证明指的是传播者本人的可信度和他在传播过程中建立自己的可信度的方式。如，电视台的访谈节目邀请某一方面的学者就这个方面的问题做访谈，就是利用了学者个人的职业信誉度。传播者本人的道德信誉历史，也属于这样的资源。不同的传播场合和情境，需要诉诸恰当的个人魅力类型，否则就适得其反。

情感证明是指传播者通过调动听众（受众）的感情达到传播的效果。亚氏认为，人在愉快和友好时做出的判断不同于人们在烦恼时和敌对时做出的判断。人的感情可以从感情的定义（即：什么样的感情）、感情的所指（即：针对什么）和感情产生的条件三个方面来分析。亚里士多德认为，说服者（传播者）掌握了这些知识，就可以确定用何种手法来达到诉诸情感来说服听众的目的。[①]

逻辑证明即表达的逻辑性。逻辑证明强调的是表达过程本身，如，论证一个观点时证据的运用、论证和推理的过程等，而推理的基本过程就是归纳（例证）或演绎（三段论）。

---

① 龚文库.说服学——攻心的学问.北京：人民出版社,1994：20—22.

亚里士多德体系中还有以下的标准。

- 结构安排，即传播内容中的各种论点的安排是否完整、合理。如，是否有序言或开场白，是否有中心部分，是否有结论，是否有过渡等。
- 风格，如选词、用词，是否有前后一致的风格和格调，以及表达是否清晰等。
- 传播的形式，如是否运用了除内容之外的辅助手段，如演讲中的手势、声调、语调、语速、停顿、眼光、与听众的互动等。

2) 伯克戏剧批评模式

美国文学理论和批评家伯克(K. Burke)关于传播和说服的模式基于这样一个假设：所有的人在根本上是相通的，具有相同的动机。人之不同，是社会的、人为的藩篱使然。因此，传播和说服就是将人们重新连接在一起，互相"认同"。在伯克看来，"认同"就是应用共同的理念、形象和态度把人们联系在一起的过程。如果一个人认同另一个人，他就会接受那个人的思想和语言，因为那也是他自己的思想和语言。亚里士多德的模式诉诸的是"说服"，而伯克的模式则诉诸"认同"感。[①]

在文本评价方法上，伯克提出了戏剧批评模式，即，将文本看做戏剧的表达过程。这个过程分为以下五个方面。

- 具有象征性的行为(symbolic action)，即传播的具体行为，如：演讲、表演等。对这方面的评价即检验文本的真实性和准确性。
- 场景(scene)。场景是行为发生的地方。对场景的评价涵盖了行为发生的所有场合，比如，演讲在观众中引起的反响。广义的场景，如大众媒介文本传播的场景，则包含整个社会。
- 传播者(agent)。文本的制造者和表达者也是文本分析的对象。一个传播者的生平和经历与文本的制造和表达有着密切的关系。同样，一个传播机构的历史和特征与它所传播的文本也有着必然的联系。
- 手段(agency)。手段指文本中使用符号和语言以达到认同的方法，如：辩论、共同的兴趣、一些修辞方式等。20世纪80年代中国改革

[①] Burke, K. A rhetoric of motives, reprint. Berkeley: University of California Press, 1969.

开放初期,北京大学学生在中国女排获得第一个世界冠军时,喊出了"团结起来,振兴中华"的口号,即是不自觉地诉诸了当时中国人民的共同情感和意愿。同样,一个与网络时代青少年交流的文本也需要使用他们能接受的修辞方式。

● 目的(purpose),即传播者的主观目的。可以通过受众的反响来评价文本制造者和传播者的主观目的是否达到,也可以从文本本身来评价传播的目的是否明确,是否具有前后的一致性以及其他价值。

3) 费舍尔的讲述模式

美国传播学者沃尔特·费舍尔(Walter Fisher)提出了文本的讲述模式的分析方法。费舍尔认为,人对自己和环境的解释,与其说是通过"逻辑的证明",不如说是通过有力有理的"讲述"。他还认为,人天生具有"讲述"的欲望。人类的所有传播活动归根结底都是一种"讲述故事"的行为。[①] 人们通过讲故事来互相沟通,使生活和经验产生意义。人对生活和经验的体验就是一系列不断展开的故事情节,有冲突、人物、开头、中间和结尾。

费舍尔的"讲故事"的定义是"具有象征性的活动",既包括故事的内容、语言,又包括讲述行为本身。这些"具有象征性的活动"对于生活在其中的人,以及解释故事的人都具有意义。讲述的故事可以是有关自己的,也可以是有关他人的。讲述的人利用举例、比喻等手段来说服听者。为了说服听者,讲述的人要诉诸一些基于双方共同的历史和经验、共同的文化和特性的理由。费氏认为,我们对世界的理解其实就是我们所接受的故事的反映。

那么,从"讲述故事"的角度来说,如何评价一个传播文本呢?费舍尔认为,应该基于讲述的"可能性,连贯性和可信性"。他认为,人具有判断一个故事或文本是否"可能"的能力。讲述的背景越具体,这种判断越准确。连贯性指的是文本或故事在前后逻辑上的一致性。可信性指的是,讲述的内容是否与人们生活的实际体验,或者其他的讲述相吻合。

此外,从讲述的角度分析文本的方式还有很多,如心理学的方式。心理学方式透过讲述者或传播者的内心和动机来分析文本。传记方法从个人与社会的关系角度展开分析,并考虑到人的社会身份对讲述的影响。话语

[①] Fisher, W. R. Human communication as narration: Toward a philosophy of reason, value and action. Columbia: University of South Carolina Press, 1987: xi.

(discourse)分析方法分析表达的方式,包括语调、音调、停顿,以及本文的结构、语言等。

4) 结构主义-符号学分析

结构主义-符号学分析关注的不是文本的内容本身,而是内容之间的结构关系以及表达内容的符号象征意义。传播的过程被看做是由一系列符号组成的系统。文本内容的符号可以分为多种,如文化符号、意识形态符号、语言符号等。

结构主义语言学家索绪尔(De Saussure)认为符号由"能指"和"所指"构成。"能指"即用来表示信息的符号,如声音、字符、画面等;"所指"即这些符号所表达的意义和概念。

在结构主义-符号学分析方法看来,"能指"和"所指"之间的关系是不固定的,是人为的。符号的意义是可以"解释"并需要"解释"的。每个人的解释系统与他所处的社会阶层、性别、种族等等都有关系。这些因素决定了一个人如何解释他所接触的文本。在传播学的文本分析中,结构主义-符号学分析关注的是:媒介符号如何生成意义,意义又是如何通过这些符号而传播出去的。

第四章

定性研究的步骤与实施一：制订计划

>>>

>>
一、发现问题,提出问题
二、检索已有相关成果或资料
三、修改并确定研究课题
四、研究方案的设计

在这一章里,我们讨论定性研究的实施。所有的科学研究,无论是定性研究还是定量研究,都是发现问题、回答问题或解决问题的过程,因此,大致遵循以下相同的步骤。

1. 发现问题,提出问题;
2. 检索已有相关成果或资料;
3. 修改并确定课题;
4. 选择适当的方法,制定研究计划;
5. 搜集相关数据和资料;
6. 对数据和资料进行分析,提出结论,回答提出的问题;
7. 提出研究报告或撰写论文。

在这7个步骤中,前4个可以说是对研究的准备。为了讲述的方便,我们称之为研究计划的制订,并将在本章中予以讨论。本书第五、六章为研究的实施,即搜集资料和分析资料。最后是对研究的总结,以撰写研究报告或论文的形式结束。

科学研究的目的是回答和解决问题。一项具体的研究,始于提出问题,而止于回答和解决问题。选题是科学研究的起点,它决定了研究的方向和方法,因而也就决定了研究的成败。在实际操作中,从整个研究所需要的时间看,选题的过程可能占了全过程的一半甚至一半以上。

那么,问题从何而来?问题如何成为研究的课题?从模糊的感觉或问题到科学研究的课题,要经过三个步骤,即发现问题、检索相关研究、修订并确定研究课题。

一、发现问题,提出问题

根据对传播学定性研究的特性,我们知道,定性研究的逻辑基本是归纳性的,即试图通过对日常的、个别的现象的研究归纳出一定的规律来。

具体来说,定性问题的来源大致可有以下三种。

1. 公共议题

　　公共议题是涉及公共领域的问题。在现代公民社会中,公共议题涉及社会的多重成员。社会成员就与各自利益相关的目标、地位、资源和权利等进行交流和协商,于是便形成了公共议题。交流和协商的过程并非一帆风顺,相反,往往是充满了不确定性、不满、斗争和妥协的。交流和协商过程中的这些"问题",就构成了定性研究的问题来源。

　　近些年来,北京市政府为出租车费价格问题,举行了多次听证会。出租车费是一个涉及北京市众多市民之利益的议题。听证会可以给相关社会成员提供一个就该议题进行交流和协商的场所和方式。出租车费听证会邀请了市政府的有关管理机构、出租车公司、出租车司机和乘客的代表参加。这些成员代表了有关问题的不同利益,他们可以通过听证会厘清问题的焦点,表达自己的主张和不满,最终达成妥协,形成合意。

　　类似的听证会,从它的发起,到代表的比例的确定和选拔,到具体议题的设置,到讨论的程序的确定和实施,到辩论的过程和决议的形成等,都可以是传播学研究的课题。就出租车费听证这个问题来说,我们不断地听到公众对它发出置疑和不满,如,认为听证会参加者的选拔,特别是代表司机或乘客的参加者并不具有广泛的代表性,而是具有一定特征的,比如,司机往往是各个出租车公司的劳模。因为他们的特殊身份,他们被认为并不能代表广大司机的利益。如果我们把听证会看做一个传播行为,我们就可以提出如下的问题：在这种传播行为或活动中,谁是行为的发起者？谁有地位和权力确定传播行为(听证)的参与者？传播中的议题是谁设定的？在传播(辩论和形成决议)的过程中,有哪些主导的因素,有哪些干扰的因素,是否有议题的转化？如果有,是如何发生的？最后,媒介(如果将媒介的报道等同于舆论的话)对听证会的召开是如何反映的？媒介的报道(如时机、规模和形式等)对决议的形成是否产生了影响？

2. 学术研究

　　许多传播学的定性研究问题来自学术研究本身的需要,其研究不一定具有短期的功利效果。寻求此类课题的关键是从本学科的理论体系出发。

每一个学科和学科分支在特定的阶段,都有其关注的有待回答的问题。下面就以媒介的受众研究为例,来说明在这个领域中可能有待回答的问题。

(1) 理论之间的矛盾和差异:旧有的理论受到新的现象和新的理论解释的挑战。媒介受众研究中,媒介的强效果理论与之后的有限效果理论在对媒介的影响和受众对媒介的使用等方面,有不同的甚至矛盾的解释;而更后的受众的文化研究则是在发现和否定先前理论的弱点的基础上提出的。

(2) 理论的不完整:比如,在关于电视在家庭环境中的使用的理论中,兄弟姐妹之间使用电视过程中的互动,可能没有得到深入的研究。归根结底,定性研究的一个主要目的就是"发现"那些还不完备的,或未被研究的领域。

(3) 某种未被解释的现象和行为:比如,已有的研究和理论揭示了电视受众是如何解读电视广告中的明星形象和他们所代言的产品的。但随着社会文化环境的改变,受众解读的方式和结果可能更多样化,出现一些新的模式。定性研究的实地考察方法可以细致地捕捉到这些"新"的现象。

(4) 方法上的探索:与定量研究方法相比,定性的方法更具有灵活性。在实施中,研究者可以根据实际进展,随时调整研究计划。因为,归根结底,定性研究是从研究实际出发,总结归纳出具有概念和理论意义的结论。具有"实验"和"创新"特点的研究方法,可能会对理论的建构作出贡献。传播学的许多成果,都是由于应用了新的方法而取得的。

3. 组织需求

研究课题的另一个来源是社会组织的需要。政府、企业等社会组织基于不同的社会功能和目标,需要发展自身,不断地制定和修正政策和策略。国家制定有关传媒的法律法规和政策的依据、媒介的市场研究和调查等,都属于此类研究课题。通常,我们可以将此类研究称为政策研究或经营管理策略研究。

组织需求类的课题都具有应用性强、短期成果显著的特点。因此,这类课题比较容易得到组织的支持和经费上的赞助。在实际的研究中,此类课题的数量要大大地超过其他两类。

二、检索已有相关成果或资料

找到一个看上去有意义的课题时,我们还不能立即开展研究。从一个课题到一个明确的研究问题,还需要查阅已有的相关文献(literature review)。在研究方法中,我们将这一步骤称为文献检索。文献检索涉及查阅已有成果和评价两个方面。

1. 文献检索的目的

我们都知道,科学研究是连续的、系统的,任何一项研究的起点都是建立在前人的成果之上的。你可能需要借助前人的理论框架,或者利用前人的研究数据。即便你应用的方法,也是前人的成果。因此,对前人研究成果的了解,是一切后续研究的起点。

文献检索是整个研究过程中的一个重要组成部分,特别是在确定研究问题的过程中。原因很简单:研究的目的在于创新,而不是对前人的简单重复。那么,在你确定研究问题之前,必须知道在同一问题或类似问题上已有哪些研究成果,进而知道还有哪些问题有待研究。这些待研究的问题就可能成为确定你的最终研究问题的重要参考。

2. 文献的查阅与评价

文献检索涉及两个方面:查阅和评价。

(1)查阅

我们首先根据已发现的问题对相关文献进行检索。文献的查阅或检索,由于信息的电子化,似乎非常简单。然而事实并非如此。它涉及对所关注的问题的本质和抽象层面的了解以及使用电子资源的技巧。我们将在后面讨论文献检索的困境。

(2)评价

现在,假设我们能查阅到足够的相关文献,那么,我们如何阅读和评价这些文献呢?

大致来说,要带着以下的问题来阅读文献:

关于这个领域或课题的总体研究状况,比如,是否是热点话题,是否被很多的人研究过,对它的研究总的来说是否深入,是否全面,等等。

具体到每一份文献:
① 主要的研究理论框架是什么?
② 搜集资料和分析资料的方法是什么?
③ 资料的来源是什么?资料是否完整?
④ 研究的结论是什么?是否具有创新性?其理论和实践意义何在?
⑤ 就该问题而言,有哪些未涉及的方面?原因是什么?
⑥ 该研究的整体局限性是什么?

我们一旦回答了以上的问题,就基本可以从总体上确定已有的研究广度和深度,特别是我们要涉及的问题在这个领域中的研究价值。

3. 文献检索的途径

文献首先分为专业或学术类文献和非专业类文献。非专业、非学术类的文献来源有报刊的一般性评论文章和报道、非学术类的书籍和网络评论等等。专业或学术文献的主要来源又可以分为专著和论文。当然,所有这些文献都有中文和外文之分。

在文献检索中,必须明确不同的文献来源的不同价值和参考作用。

作为学术研究课题的参考,非学术类文献具有较大的启发作用。这类文献所涉及的大多是与现实世界密切相关的、新近出现的所谓"热点问题"。我们前面谈到的定性研究问题的三种来源中的公共议题和社会机构议题,往往会通过这类文献得到反映和讨论。

非学术类文献的弱点是,它们往往偏重于一般性议论,而忽略论据和论证的过程。同时,没有明确地说明讨论问题在学术和理论层面上的意义。作为学术研究的参考,它的启发性较强而权威性较弱。

4. 文献检索的困境

由于信息的电子化，查阅工作似乎变得容易了。我们从图书馆的数据库或互联网上输入一些关键词，就可以很轻易地获得大量的资料。然而，当我们仔细地浏览这些"结果"时，很可能发现，其中的大多数与我们的课题并不相关，或相关性很小，也就是说，大多数都"没有用"。于是，我们就再输入另外的关键词，做另一轮收效甚小的搜索。结果还是事倍功半。我们将这种现象称之为文献检索的困境。

造成这种困境的原因可能是输入的关键词不准确。

关键词输入不准确有两个层面的意思。

一是输入的组合不准确。根据计算机检索的原理，我们知道，计算机只能检索出所有带有所输入的词语的文献，但并不关心这些词语之间的联系。如，我们想检索与中国文化相关的文献，就输入中国和文化两个词。计算机给出的文献，不但包含与中国文化有关的，也包含任何其他含中国和文化两个词的文献，但这两个词在这样的文献中并不存在关系，具体地说，不存在"中国的文化"这样的限定关系。那么，这样检索出来的文献，有相当一部分就是"无用的"。避免做无用功的办法就是输入最准确的关键词，如，输入"中国文化"一个词，而不是中国和文化两个词。

第二个层面是"所指"和"能指"不对应，即，所要检索的概念和输入的概念之间有差距。解决这个问题，需要对所研究的问题中的概念的本质有深入、准确的了解，而这种了解是建立在对本领域、本学科的基本理论的了解之上的。

关键词是对本研究问题中的关键概念的高度凝练的表达。找对关键词，研究者需要对所研究的问题的本质有清楚、明确的认识，还要能选择具有最大代表性的词语对其加以准确的提炼。二者缺一不可。我们现在不妨用一个传播学研究课题试作说明。

我们从日常观察中发现，人们在处理人际关系的矛盾时，常常采取不同的策略来寻求解决。解决的方法有建设性的，如自我批评，积极沟通；也有破坏性的，如恶语相向甚至拳脚相加；当然，还有人会消极地回避矛盾。同时我们又从经验中发现，人们采取哪种策略，与他们对矛盾的认识相关。如，那些采取积极沟通方式的人往往认为矛盾是暂时的，矛盾的起因不全在他人。反之,则会采取消极的或回避的策略。我们想通过访谈和观察,对这种现象做进一步的了解。

大致确定了这个目的后,我们就要着手输入关键词,进行文献检索。

根据上面我们提到的关键词选择的两个要素,我们首先要透过现象,看到问题的本质是什么,即:它研究的是传播学中的什么问题。完成这个从现象看到本质的过程,需要一定的关于传播学学科及其关注问题的知识积累。在此例中,我们可以断定,我们的研究题目实际上是一个涉及人际传播策略和认知心理学的问题。

此时,我们就可以将研究问题初步拟定为:人际传播中冲突的解决策略与对冲突性质、责任的心理认知之间的关系。

准确地表达了所要研究的问题之后,才可能从"问题"中选取一两个关键词,检索相关的文献。在这个题目下,我们可以选取人际传播、冲突、策略作为检索的关键词。

三、修改并确定研究课题

1. 衡量恰当课题的标准

有效的文献检索有助于我们了解前人在本课题上所做过的工作,并因此确定恰当的课题。所谓恰当,有两层含义:第一要有新意,第二要有可操作性。

第一,要有新意,即"创新"性。"创新"性体现在以下几个方面。

（1）全新的问题

即前人没有研究过的问题。在各个学科领域中,都会有这样一些问题。其中一些是客观上已经存在的,但没有得到重视;更多的是随着社会发展而出现的新现象、提出的新问题。如,互联网时代的到来,提出了许多在传统媒介技术时代不存在的新问题。

（2）新的理论框架

运用新的理论框架去研究旧有的现象和问题,也许会得出新的结论。如传播学研究中的受众研究,就经历了在不同的理论框架下研究受众在媒介使用中的角色的几个阶段,得出了被动的受众和主动的受众的不同结论。

(3) 新的结论

新的结论可以是对既有结论的深化和补充,也可以是对现有结论的修正、反驳甚至颠覆。

(4) 新的资料来源

如果说理论框架是科学研究的结构和骨架,资料就是研究的肌肉和血液,是结论的基础。相同的课题、相同的理论框架,运用不同的资料去求证,可能会得出不同的结论。

(5) 新的研究方法

如我们在绪论中回顾传播学研究的发展史时所展示的,学科既有的研究方法也会随着客观实际,甚至研究手段和技术的发展而发展。不同的方法可能会带来不同的结果。

第二,要有可操作性,即可能性。可能性体现在以下几个方面。

(1) 个人兴趣

毋庸赘言,兴趣是成功的重要因素。兴趣可以调动我们的积极性和想象力,可以支持我们将可能枯燥的研究坚持到底。对学术领域的兴趣与个体的经历、气质和性格等密切相关。而对自己的了解和实事求是的认知,是确认个人学术兴趣的前提。如我们在后面关于对资料搜集方法进行选择的讨论中将要指出的,有不同学术兴趣和性格气质的人,会选择不同的课题和不同的研究方法。

(2) 个人学术积累和背景

不同的课题要求不同的学科知识和背景知识积累。能将这二者最优化地结合起来,是顺利和高质量地完成研究的必要条件。

有人提出,社会科学研究人员的知识储备可以分为三个层次:本学科的知识,相关学科的知识和一般性知识。[1] 我们认为,从广义的层面来看,知识还应该包括对方法和研究设备的运用等。如,能熟练地应用计算机软件对数据进行分析,就是做需要量化分析的课题的重要条件。

(3) 客观条件

客观条件是研究中必须具备的、不以主观意志为转移的条件。

在传播学研究中,客观条件涉及以下几个方面。

---

[1] 赵惠丰等.社会科学情报概论.北京:档案出版社,1985:16—17.

1）资料：资料的可得性是最重要的条件。这里的资料指的是关于所研究的对象的情况。在传播学的定性研究中，资料可以是访谈的记录、文本、观察记录或实物等等。获取这些资料，要具备一定的条件。

如，访谈记录的获取，首先要获得同意并对访谈对象进行采访，要有详尽的记录并对记录进行整理。这其中的任何一环如果得不到落实，作为访谈的资料就不完整或不可靠。

又如，文本是做文本研究的充分资料条件，也就是说，文本研究的对象就是文本，没有完整的文本，就等于没有研究对象。传播学中的文本研究资料的形式有很多，如报纸、电视节目脚本、一些传播活动的录音或录像，等等。

2）时间：时间是做一切工作的必要条件。在具体的一项研究中，对时间的估计要与课题的性质联系起来，同时要具体化，也就是说，要在研究计划的基础上估计所需的时间。不同的题目需要不同的时间长度。

如，那些需要通过观察方法来获取资料的题目，就相对的要多耗费时间。从操作的层面考虑，研究的前期准备，如文献的检索以至于课题的确定，往往要经过几个回合，花费比预料要多的时间。

作为条件的时间和课题本身对时间的要求是一对矛盾的对立统一体。一定的课题要求一定的研究方法和步骤。在其他条件不变的情况下，时间要服从课题的需要。反之，如果时间条件是确定的，那么，就要考虑调整课题，以保证研究按时完成。

3）经费：研究需要一定的费用。研究方法不同，所需费用也不同。费用包括：前期的文献检索所需要的费用，如购书款、复印费；资料搜集中所需要的费用，如问卷的复印费、访谈场地的租借费等。在以人为对象的研究中，为了感谢研究对象的配合，有时还要赠予一些小的礼品等。经费还要包括交通费，甚至外出的住宿和餐费等。

4）人员：要根据课题的需要来决定是否需要研究的辅助人员以及随之产生的费用等等。

5）仪器设备：如访谈所需要的场地、录音或录像设备，分析资料所需要的计算机及软件等。

2．修改课题

修改课题，要分两步走。

第一步是确定选题是否恰当。

如前所述,我们所谓恰当的课题是课题的价值、主观的兴趣和能力以及客观条件三者相结合的产物。其中,课题的价值是客观存在,研究者的兴趣和学术积累是相对恒定的变量。客观条件中,有一些是可以改变和争取的。在确定课题时,我们要对三者进行一定的取舍。如,当课题的重要性和意义相对重大时,个人的兴趣就要做出让步,或者做一点学术知识上的"补课"。事实上,进行研究的过程对每个人都是一个继续学习的过程。客观条件中,有的是可以设法去解决和创造的,比如经费等。

在许多研究中,课题的选择具有一定的灵活性。这时,就应该尽量地满足研究操作的可能性条件,也就是说,在经过文献检索等初步的研究后,我们需要对已有的初步问题加以调整,使之更具有操作性,以实现课题的价值。

不恰当的选题有两种情况。

第一种,原课题需要修改方向,甚至被放弃。如:原课题是想研究某传媒公司的内部企业文化和传播。但经过对客观条件的初步考察,发现研究所需要的一些企业文件、会议记录等,属于企业机密,无法获得。这样的问题就属于资料条件的缺失。而根据课题,这类资料对研究一个企业的内部文化和传播机制,又是必要的。在这种情况下,只好对题目做出调整,以至于放弃。

第二种,原课题过于空泛,即所谓的"大"。什么样的课题就过大了呢?从理论上来说,课题的大小是相对的,是相对于研究项目的大小而言的。一项综合的研究项目,涉及的内容丰富复杂,允许完成的时间较长。如,"中国城市少年儿童互联网使用"这样的项目,显然是一个涵盖地域广阔,内容丰富的大课题,需要的时间、人力和物力都相对较多、较大。对于不具备这种条件的研究者来说,如一个学传播学的学生来说,要在短期内完成就不太现实。也就是说,这个题目对他而言就是一个"大"的题目。但是,这个题目对于一个由有经验的研究人员所领导的团队而言,在一定的经费和时间保证下,就不是过大的题目。

那么,如何判断一个研究题目的大小呢?一个可行的办法,就是在拟订题目后,通过检验关键词的方法来判断。如果一个题目中的关键词内,含有过多的子概念,那么,这就是个较大的题目。这是因为,题目中的关键词就是本课题研究的关键内容。一项合格的研究,题目就确定了它的研究内容。

研究内容的总和应该与题目确定的范围相符。文不符题,题不符文,都是不允许的。

下面,我们以"中国城市少年儿童互联网使用"这个题目为例加以说明。

首先,我们来确定"中国城市少年儿童互联网使用"这个题目中的关键词。在这个题目中,可以确定"中国城市少年儿童"和"互联网使用"两个关键词。也就是说,我们的研究对象是中国城市中的少年儿童和他们的互联网使用问题。然后,我们分别检验它们各自是否包含了过多的子概念。

"中国城市少年儿童",可以进一步分为两个概念。一是"中国城市",二是"少年儿童"。"中国城市"包含了中国境内的所有符合城市标准的地域,既包含大城市,又包含中小城市;即包含沿海城市,又包含内地城市。也就是说,我们的研究总体就是所有类型和规模的城市中的所有少年儿童。第二个概念,"少年儿童"是一个相对比较简单的概念,如可以定义为"6 至 15 岁"。

在"中国城市少年儿童"这个概念中,"中国城市"就包含了相当多的子概念,或者叫"子类"。即使是只研究城市中的少年儿童,我们的研究总体也是相当大的。

第二个概念"互联网使用",可以定义为所有与互联网发生关系的行为。这些行为以方式分,有浏览、聊天、发送信息等等;以目的分,有学习、获取信息、娱乐,甚至消磨时间等;行为还涉及时间、地点等层面。可以确定,"互联网使用"这个关键词也包含很多子概念和类别。

将二者结合起来,我们的课题"中国城市少年儿童互联网使用"要研究的是所有类别和规模的中国城市中的少年儿童使用互联网行为的所有方面。可以肯定,这是一个相当大的题目,要求相对长的时间,相对多的人员和资金的投入。不具备这样条件的研究者要选择这样一个课题,就是选题不当。

第二步,对不当的选题进行修改。

第一类不当的选题,是由于操作条件无法得到满足。当某个条件是必要条件时,修改的办法只能是修改研究方向,甚至放弃原题,如第一个例子。

第二类不当的选题,是由于题目过大。这是选题中更经常出现的。这既是选题过程的正常现象,也是许多研究者,特别是缺乏经验的研究者的通病。我们在选题时往往会首先考虑问题的价值和意义,而忽略了实现研究价值的可能性。修正这类选题的方式,就是将过"大"的问题的范围缩小,或"细化",使它具有可操作性,可以在小的范围内做出深入、细致的研究。如上面第二个例子,我们就可以将"中国城市"和"互联网使用"这两个关键概念缩小,各选取其中的某一类别作为研究总体,如,可以将题目缩小为"北京儿童互联网使用目的研究"。

这里有一个非常重要的问题。细化过的题目的研究结论,只能推广到所限定的范围内。对北京少年儿童的研究结论不能推广到全国。这固然似乎减小了研究的范围,但从另一方面来说,在大而无当和小而具体深入的研究之间,当然是后者更有价值了。因此,在科学研究的选题中,应该遵循"小题大(深)做"的原则,而切忌"大题小做""大而无当"。

3. 确定课题

经过修改和限定的课题,如果同时又具有可操作性,那么它就是一个合格的课题。但在进行资料的搜集和分析之前,还要将课题用明确的文字形式表述出来并定义关键概念。下面分别对这两个步骤加以说明。

(1) 问题的表述,即提出"研究问题"或"假设"

这样做的理由是,我们经常发现,一种想法,在头脑里可能是模糊的、发散的,它所涉及的概念是漂移的。而只有将想法以文字形式表述出来,我们才能清晰地看到所要研究的对象和核心概念,以及这些概念之间的关系。也就是说,通过将课题表述为具体的"问题"或"假设"的形式,我们可以进一步清理所要研究的内容甚至考察一些概念的使用是否得当。

课题的表现形式一般有两种:"问题"或"假设",分别表述为疑问句或陈述句。

以上述"北京儿童互联网使用目的研究"为例。其"疑问句"的表达形式是:"北京儿童互联网的使用目的是什么?"我们的研究结果实际就是对这个问题的回答。

其"假设",或者"陈述句",就是对这个问题的探索性回答,如:"北京儿童使用互联网的目的呈多样性,但主要是玩游戏。"我们的研究结果就是检验这个假设的"真"或"伪"。

问题的表述使我们能够集中目光,明确范围,不偏离对象和研究目标,不涉及无关的领域和概念。经过这样的文字表述后,研究的对象(北京儿童)和核心目标(互联网的使用目的)就十分明确了。

（2）关键概念的定义

提出了问题或假设后，还要给其中涉及的关键概念下定义。

我们都知道，概念是一种语言或文化对某一种事物高度凝练的指称。概念因此是高度语境化的，即，不同的语言和文化环境中，一个概念可能具有不同的，甚至极度不同的含义。如，我们形容一个少女长得"美丽"，在当代中国的语境下，少女的"美丽"意味着身材苗条、匀称，皮肤细腻、白皙，等等。但我们只是在当代中国的语境下这样理解或定义"美丽"这个概念。无论在中国的古代，或当代的其他语言或文化中，少女的"美丽"都可能含有不同其至完全相反的含义。中国唐朝仕女以身材丰腴为美，像"燕瘦环肥"，就是把身材丰腴的杨玉环算做中国古代的大美女之一。同样，在太平洋的岛国瑙鲁，人们一直以肥胖为美。

即使是在同一种语言中，一个概念也可以有多重含义。传播学研究经常会涉及的一个概念就是"文化"。根据权威的国内外词典，文化就有如下的定义：

- artistic and intellectual pursuits and products.
- development or improvement of the mind by education or training.
- the sum total of ways of living built up by a group of human beings and transmitted from one generation to another.
- a particular form or stage of civilization, as that of a nation or period.
- the behavior and beliefs characteristic of a particular social, ethnic, or age group. ①

《现代汉语词典》关于文化的定义有：

- 人类在社会历史发展过程中所创造的物质财富和精神财富的总和，特指精神财富，如文学、艺术、教育、科学等。
- 一个历史时期的不依分布地点为转移的遗迹、遗物的综合体。
- 指运用文字的能力及一般知识。②

可以看出，要对一个概念加以研究和考察，首先要明确它在你的这个语

---

① Random House Webster's College Dictionary. 1995：330.
② 现代汉语词典. 北京：商务印书馆，2002：1318.

境中,即你目前的研究问题中的意思是什么,它都包含哪些内容。

给关键概念下定义的必要性可以从对内和对外两个方面看出。对内,即研究者研究的必要。所谓关键概念就是本研究课题要关注的核心点。试想,如果没有首先对其进行明确的定义,在研究中就有可能发生偏离、模糊。比如,对定义为生活方式的文化的研究,如果以艺术产品为替代,则其包含的内容和意义就大大地偏离了原有的指向,其结论也就谈不到合理了。

对外,那些没有经过明确定义的关键概念会造成交流的混乱,所谓"鸡同鸭讲"是也。科学研究的目的之一是交流和共享。交流的基础是有共同语言。这里的共同语言不光是指汉语或英语。在一种语言内部,也要有对概念的共同理解。这就需要有定义。

需要指出的是,对某一概念的定义不是唯一的。严格地说,在一个语境下的定义只是一个"工作定义",即,此时此刻的定义。如:"文化"在本研究中的定义是"一个社会的生活方式的总和"。给本研究中的概念下定义,并不意味着这个定义是"真理",更不意味着"唯一"或"高下"。它只是多重的定义中的一个,是本研究要讨论的范围。

那么,如何给关键概念下定义呢?

每一个关键概念需要两种定义,即概念性定义和操作性定义。

概念性定义,即用一些其他的概念来解释需要定义的概念。如:"文化",按照《现代汉语词典》中的第一个解释,就是:"人类在社会历史发展过程中所创造的物质财富和精神财富的总和"。这就是其概念性定义,因为,它是用其他的一些概念,如"物质财富和精神财富""总和"等概念来说明的。概念性定义说明概念的性质和内涵,相对较为固定。

而操作性定义确定它包含什么或用什么指标来体现。在上一个例子中,"文化""特指精神财富,如文学、艺术、教育、科学等",就是它的操作性定义,即对文化的外延和表现方式进行界定,带有特定语境下的定义。

再举一例。

研究假设"电视中的暴力场景与儿童的暴力行为有关"。

其中,"有关"是这个问题的关键概念之一,研究的目的就是要检验二者的相关性是否存在。

我们首先要给"有关"一个概念性定义,即,何谓"有关"。如,我们可以将其定义为"两件事物互相联系"。

但在研究中,有了概念性定义是不够的。"互相联系"是如何体现的?如何测量?都需要操作性的定义,如,定义为"对暴力行为的迅速模仿",或"看暴力电视节目越频繁,暴力行为越频繁"等。

概念性和操作性定义在研究中是相辅相成、缺一不可的。概念性定义告诉我们一个事物或现象的属性和本质,操作性定义告诉我们用什么来测量和如何测量这个事物和现象。

只有完成了对关键概念的两个定义,研究才有可能在明确的范围内进行,研究结果才谈得上有科学性和可靠性。

四、研究方案的设计

1. 定性研究的逻辑

科学研究是发现问题、提出问题和回答问题的过程。与传播学定量研究的过程不同,定性研究的逻辑基本上是归纳的,即,通过具体的个案来总结、归纳出具有特点的或典型的规律,也就是说,是在研究的具体情境中去体验和解释。具体的传播情境是多样的、变化的,有时是模糊的。因此,定性研究的方案就必须具有一定的弹性,允许对问题和方式进行修订,以便真实地反映被研究对象的实际。

定性研究的逻辑过程大致有如下几种。

(1) 直线型

直线型的研究逻辑以一个明确的理论框架为起点,沿着框架所规定的范围和顺序,对研究对象的各个部分做出描述。然后将对部分的描述汇总,形成对总体的描述,并上升为理论。换句话说,直线性的研究逻辑是:从框架指导下的描述到结论的形成。

(2) 螺旋型

螺旋型的研究逻辑没有一个明确的起点。相反,它可以从几个点同时开始。它的探究过程也不是线性的。正如它的名称所示意的,它可以向前一步,同时又可以循环,并呈螺旋形向前发展。博格丹(Bogdan)和比克兰(Biklen)这样描述螺旋型的研究逻辑:

"研究的起点是多重的。研究者同时对一些相关研究对象和资料来源进行初步的探索,做出评估,以找出那些适合其研究目的的资料。然后是对资料的搜集、整理和评估,同时不断地修正和确定下一步资料的来源。在这样的过程中,研究渐渐向前推进,焦点不断集中。"[1]

从中可以看出,螺旋型的研究逻辑是:从探索性的起点到逐渐清晰的资料搜集和分析以及结论的形成。

(3) 循环型

循环型与螺旋型逻辑都不是线性的。循环型逻辑遵循一种更清晰的环行路径。具体来说,研究者从研究问题出发,经过观察或访谈,形成对问题的初步解释。然后,再次回到被研究的对象,去搜集新的资料,修订或形成新的解释。如此循环往复,直到回答了研究问题。循环型的研究逻辑基于文化解释的理论。也就是说,研究的最终目的是对被研究者的传播行为(如话语)的意义的廓清。因此,就需要有循环往复的解释、廓清、再解释的过程。

2. 研究方案的内容

选择了研究的逻辑和路径,还要制定切实和具体的研究方案。事实上,我们在第四章第一至三节所讨论的都是有关研究方案的问题。本小节要谈的是,如何将这些准备和思考以目标、措施和步骤的形式落实下来,以按部就班地遵照执行。

研究方案应包含以下内容。

(1) 问题的提出及研究目的:研究什么

问题的提出部分回答的是"做什么"的问题。研究方案要开门见山地提出所要研究的问题。问题要以清晰扼要的一句话提出,并做简单必要的解释。

(2) 研究的意义:为什么研究

研究的意义回答的是为什么要研究和为什么要在当前研究这个课题的问题。研究的意义可以从理论和实践两个层面上来阐述。具体来说,可以

---

[1] Bogdan, R. C. & Biklen, S. K. Qualitative research for education: An Introduction to theory and methods. Boston: Allyn & Bacon, 1982.

考虑以下几点：

- 探讨已有的理论和概念中的弱点和模糊点；
- 对已有的理论和结论的证明；
- 对一种未被注意的传播现象的描述；
- 为政策或策略提供案例支持。

（3）研究方法：如何研究

研究方法的陈述包括两个方面：搜集资料和分析资料。

在这部分，要对搜集资料和分析资料过程的每一个步骤和细节都有所计划和交代。从对研究对象的选择（如抽样）到途径、步骤等，要尽量详细和具体。研究方法的科学性是研究成功的保证。我们考察一项研究，不仅仅看它的结论是否有价值，更要看它的研究或论证过程是否科学、严谨。

（4）经费、设备、人员等：需要什么条件

不同的研究方法需要不同的条件。条件包括经费、设备、人员等。在定性研究中，条件还涉及获取进入实地调查的许可、接近被研究对象、安排访问或观察的地点，等等。

（5）研究进度：何时完成

研究方案要分阶段实施。每一个阶段都要有大致的预期时限，只有这样，才能保证整个研究按时完成。时间进度的分配要合理，要留有充分的余地。一般来讲，研究的准备阶段所需要的时间比我们预料的要长。

第五章

定性研究的步骤与实施二：资料搜集的准备

一、知情同意原则
二、获取允许进入现场
三、"协商性接触"
四、抽样

在第三章中，我们简要地介绍了传播学定性研究的四个基本类型：观察、访谈、焦点小组和文本分析。需要重新强调的是，定性研究的目的是要从被研究对象的角度去体验并解释其传播行为。不管是实地观察，还是基于谈话的接触，都意味着一种参与和互动。由于研究者和被研究对象的高度接触，定性资料的搜集过程就具有较高的情境性，也因此有一些特殊的要求。

搜集资料前的准备工作大致有三：获取知情同意，获取允许进入现场和"协商性"接触。

一、知情同意原则

所谓知情同意原则(informed consent)指的是，被研究者应该知道：

- 他们是在参加研究；
- 研究的目的；
- 研究的过程；
- 他们是自愿参加的；
- 他们可以随时退出研究。

只有被研究者了解并同意以上的内容，研究才能继续进行。有时，需要让他们签署一份知情同意书。

关于知情同意是否是进行研究的必要条件这一问题，在方法论上存在着争议。有人认为，在实地研究中，对被研究者的"隐瞒"是可以接受的。因为，定性研究的出发点和归宿都是自然状态下的传播行为。在此状态下，研究行为对被研究者的干扰可以被控制在最小的程度，相应的，研究行为对被研究者的侵犯和伤害是很小的，因而也就没有必要做到让他们知情同意。相反，让被研究者知情同意，会产生"非自然"的反应，从而破坏定性研究所追求的"本真"状态，使研究失去意义。

在实际操作中，是否需要被研究者的知情同意，应该在权衡利弊之后做出决定。不过，在某些研究方法中（如：访谈），必要的知情同意是不能忽略的，即使这样做可能损失一部分的"真实"性和"科学"性。

二、获取允许进入现场

由于定性研究的高度情境性和参与性,对研究者和被研究者来说,研究的开始阶段都是最关键的。从研究者的角度来说,迅速地获取同意和理解、建立信任是成功搜集资料的前提。研究者的噩梦是:被拒绝进入现场,或者主要的被研究者不合作。

那么,如何获取同意进入现场,并获取信任和合作呢?尽管不同的现场和研究项目会遇到不同的情境,但向对研究现场有控制权的机构和人清楚地表述你的研究目的,是获取同意的第一步。

在定性研究中,这些对现场的进入有控制权的人或机构被称为"守门人"(gatekeeper)。"守门人"的概念对传播学者并不陌生。在大众媒介中,那些有权对传播内容进行选择的人或组织叫做"守门人"。

在定性的实地研究中,"守门人"即那些有权决定是否允许研究者进入现场的人。不过,与在大众媒介中不同的是,现场的守门人有时并不具有固定的身份。在一些情况下,"守门人"是正式的,如学校的校长、公司的经理等。在另一极端情况下,如在公园等公共场所,根本不存在"守门人"。但在另一些情况下则存在着非正式的"守门人"。到一个家庭去访问,通常家长会决定是否允许研究者进入。但具体是父亲、母亲或者是其他成年人,往往会因具体的家庭状况,甚至当时当地的偶然情境而改变。另外,因为"守门人"不具有固定的、明确的身份,所以有时候研究者在进入现场前并不能十分确定谁是"守门人",而需要在现场中去试探并确定。

具体来说,如何与"守门人"协商呢?

首先,确定谁是"守门人"。

其次,事先尽量了解对方的情况,包括他们的需要、兴趣和目标,尽量调整研究计划,以适应对方的状况。

再次,介绍自己和研究项目时,要着眼于建立信任,使对方相信研究者的诚意和能力;另一方面,并不一定对研究项目做过于深入的介绍,避免引起对方的敏感或反感。

最后,不做无法兑现的承诺,如研究所需要的时间长度等,留有余地以应变。

"守门人"的重要性在于,他不仅决定了研究者能否进入现场,而且还可以决定或影响研究进程。如,他可以决定研究者进入和离开现场的时间,接触的人;什么资料和文件可以对研究者开放。总之,可以说,"守门人"对现场研究握有"生杀大权"。

三、"协商性接触"

获得"守门人"允许是现场研究的必要条件,但不是充分条件。研究的顺利进行需要被研究对象的积极贡献。签署了知情同意书并不意味着对研究的积极贡献。协商性接触(negotiate access)在某种意义上来说,就是一场谈判。与其他谈判不同的是,这场谈判以及研究本身只是由于研究者的需要才存在的。而在其他谈判如商业或外交谈判中,双方或各方都有利益追求。单方面需求可能造成另一方的不理解、不配合。这就需要研究者能够运用"协商"或者"公关"的技巧。

需要"协商"的方面很多。如,研究者在安排采访的时间、地点时,要尽量适应被研究者的日常生活和工作规律;尽量向对方解释研究的"社会"意义以及带给他们的"益处";还可以诉诸对方的感情、文化和实际需要,使他们因为获得别人的关心和理解而愿意倾诉和参与。

"协商性"接触也不是一次性的,需要在研究的整个过程中不断进行,以调整研究者与被研究对象的关系。

"协商性"接触的一个重要目标是,确定研究对象中哪些人是所谓的"重要人物"(key actors),即那些可以影响其他人的人。与这些人尽快建立良好的关系,或我们常说的"来电",对后面研究的顺利进行也是至关重要的。

四、抽　　样

1. 抽样的目的

科学研究的目的之一是对具有某种共同特征的一个总体做出描述。在某些情况下,这可以通过对总体中的每个个体逐个的描述来实现。比如,想调查某一张报纸对某一突发事件的报道,可以找到这份报纸关于这一事件的全部报道来研究。这种方法叫普查。但是,在更多的情况下,因为总体的数量大,在时间、人力、资料来源等条件的限制下,普查是不太可能做到的。这时候,可以采取抽样调查。

基于抽样的研究就是从总体中抽出一个可以代表总体特征的部分(样本)加以研究。这里的关键词是"代表"。换句话说,抽样研究应保证样本最大限度地具有总体的特征。

2. 抽样方法的类型

传播学研究中的抽样方法分为概率抽样和非概率抽样。

(1) 概述

概率抽样的样本,是依据某些数学公式而抽出来的,总体中的每个个体被抽出的机会是已知的,甚至是相等的;非概率抽样的样本是根据人为拟定的一些标准而抽出的,因此,每一个个体被抽出的机会并不相等。

二者的另一个不同之处是,由于概率抽样遵循了数学公式,因此概率抽样时研究者能够确定抽样误差(任何抽样方法都存在误差),能确定样本在多大程度上代表总体;而非概率抽样则无法确定这一点。

基于这些不同,我们在选择抽样方法时,一般要考虑以下几方面的因素。

1) 研究目的

有些研究的目的并不是将样本的结果演绎到总体,而只是考察变量之间的关系,或做初步调查。在这种情况下,可以考虑非概率抽样。因为与概率抽样相比,非概率抽样较省时省力。

定性研究的逻辑是归纳的而非演绎的,也就是说,目的在于将样本结果演绎到总体的概率抽样方法并不完全适用于定性研究。反之,非概率抽样方法可以给研究者提供那些含有对研究有"丰富"意义的信息的样本。

2) 投资与价值

与概率抽样相比,非概率抽样花费较小。因此,如果概率抽样的费用过高而能获得的资料的内容和质量均与这种高费用不成比例,则可考虑非概率抽样。

3) 可接受的误差度

任何抽样方法都不可避免地存在着误差,也就是说,任何样本都不可能百分之百地代表总体的全部特征。概率抽样可以准确地获知样本的误差度,并能由此做出对总体的推论。它还可以根据研究的需要,决定多大的误差度是可以接受的。如果对误差度的要求在某项研究中并不重要,则可以选择非概率抽样。

（2）概率抽样方法的类型

1）简单随机抽样

这是一种最基本的概率抽样方法。它具备概率抽样的最大特征,即:每个个体被抽出的机会完全均等。我们在实际生活中,常常使用简单随机抽样的方法,比如,当我们为某件事情犹豫不决时,会用扔硬币的方法做决定,而硬币落地后每一面朝上或朝下的机会各占50%。再如,抽签也是一种简单随机抽样法。在科学研究中,简单随机抽样通常采用一个随机数字表。表5.1是一个最简单的随机数字表:由0—9这些数字组成,每个方格中是一个不超过两位数的数字,由计算机编制,没有人为的因素,可以用于总体不超过99的随机抽样。如果总体更大,则可以编制更多位数的数字表,如总体为999以内,则在每个方格中放一个不超过三位数的数字。

表 5.1 简单的随机数字表

12	53	63	53	57	96	57	63	88	85	96	25	48	25	48	96	74	85
78	86	46	75	57	35	86	35	56	47	07	35	68	05	25	04	26	15
36	44	75	80	79	79	33	12	16	25	**62**	58	47	84	47	25	25	27
95	34	97	57	25	36	12	14	26	37	**85**	96	85	96	26	47	33	61
62	46	34	15	46	42	24	53	26	85	**61**	47	96	15	36	58	96	74
52	53	53	23	68	62	46	07	97	86	**53**	14	36	62	48	24	47	47
31	68	80	80	47	04	41	35	16	63	**84**	35	27	41	85	63	58	48
95	54	65	96	57	46	56	67	63	64	**67**	59	26	15	84	96	69	27
62	73	53	46	57	74	24	57	59	58	**58**	36	37	27	74	58	15	62
72	73	74	14	09	35	25	77	35	72	**70**	85	27	26	69	36	25	15
72	62	35	46	80	53	86	35	47	58	**36**	07	26	60	35	41	36	10
27	84	96	33	46	79	99	64	36	96	**25**	58	48	59	22	47	07	14

例如,在100个电视节目中抽出10个来研究它们是如何表现老年人的生活的。我们先给每个电视节目编一个号。在随机表上,随意选一个作为起点数。然后,从起点数开始向任意一个方向数,从上到下,或从下到上,甚至可以从中心到四周,选取第二个、第三个,直至选够所需的样本,即10个。

因为数字排列没有规律,所选出的样本也完全没有规律,就是随机样本。在我们的例子中,如果我们以第三行第十一列的 **62** 为起点数,选择从上到下的路径的话,那么这 10 个样本就应该是黑体字所标的第 **62**、**85**、**61**、**53**、**84**、**67**、**58**、**70**、**36**、**25** 号节目(如表 5.1 所示)。

简单随机抽样的最大优点是,它在一般情况下能最充分地体现总体特征。然而,因为这个方法要对总体的每个个体进行编号,这样就造成了两个难题:第一,有时总体的边缘并不清晰,也就是说,不能掌握总体的数量,比如在受众调查中,我们只能大概描述某一类电视节目的受众特征,但永远无法精确地知道哪些人属于这类受众,更谈不到给他们逐一编号;第二,总体量过大时,即使边缘清晰,也很难操作。这时就要考虑运用其他的抽样方法。

2) 系统抽样

系统抽样是与简单随机抽样十分相似的一种抽样方法,也称等距抽样。在系统抽样中,每 n 个个体被抽出来做样本。n 是由总体数量与所需样本数量之比决定的。比如总体有 10,000 个,需要抽取 100 个样本,那么 n 就是 10,000∶100＝100,即每第 100 个个体就被抽为样本。在操作中,首先要知道总体的范围,并将之做无序排列。然后,由抽样者完全随意选取一个个体做第一样本,往后每 100 个抽取一个,直至抽够样本数。与简单随机抽样相比,系统抽样不需要给每个个体编号,只需等距抽取即可,因此比较省时。但与简单随机抽样方法一样,它的前提要求也是需要知道总体的边缘,所以也具有一定的局限性。

3) 分层抽样

分层抽样就是把总体按照某些特征先分为子总体,我们称之为层,再从每个层中用简单随机抽样方法抽样,最后把从每个层中抽取的样本加在一起,就构成总体样本。分层抽样除了较省时省工外,还有随机抽样所不具备的一个优点,那就是:当总体的异质性较强时,使用简单随机抽样的方法有可能使所获样本的性质不能反映总体的全部性质;而分层抽样由于已经按总体的某些特征将全部个体分成不同的层,因此,在此基础上再抽出来的样本就能比较全面地代表总体的性质。

比如,一个电视台要了解某一范围内的观众对某个节目的收视情况,具体地说,想要调查一下这个节目在不同性别的人群中的收视情况有何不同。按照这个范围内的男女人数的资料可知,男女比例为 60%∶40%。在分层抽样时，先将总体按男女分开，然后就可以按照性别的实际比例在各自的子总体中做随机抽样。若样本数定为 100 时，则从男性子总体中抽出 60 人，从女性子总体中抽 40 人。

那么，依照总体的什么特征分层呢？一般来说，要用研究问题所要调查的特征。如上面的例子中，研究的目的是看性别不同的观众的收视情况，那么，性别就是研究所要调查的特征，因此就要以性别作为分层的标准。

上面的分层方法，叫做按比例分层。但是，在某些情况下，可能某一个经过分层的子总体数量过小，样本也就过小，代表性很差。这时，可以将这个子总体的样本数适当扩大，这就是非比例分层抽样。当然，使用非比例抽样，在由样本结果向总体结果做推论的时候，要经过加权处理。在此不做详述。

(3) 定性研究与非概率抽样

如上所述，非概率抽样的样本是根据人为拟定的一些标准，有目的地抽出的。它非常适用于定性研究。研究者根据需要，选择那些含有对研究有"丰富"意义的信息的样本，以深入研究传播的过程或话语建构的机制等。同时，定性研究，特别是实地研究，需要研究者深入或参与到传播的活动中去，通过体验和互动来搜集研究资料。这些目的，都决定了对样本的特质的要求高于对其代表性的要求。非概率抽样，可以提供更多的人为的选择机会。

为了叙述的方便，下面我们着重从定性研究方法的角度讲解非概率抽样。

3. 定性研究抽样方法

(1) 抽样单位

定性研究的抽样单位大致有如下几个层面。

1) 场合：定性研究的实地场合即传播行为所发生的自然环境。自然环境的物质属性对人的传播行为有着社会和文化的意义，特别是在人和环境的互动中。传播学的一个新兴领域——传播生态学，就是从场合或环境的视角来研究传播行为的。

2) 人物：人物作为抽样单位的意义，在以访谈为主要方法的研究中最为显著。某个人被选择为样本，是因为研究者预判他对于所研究的问题有着知识或经验。具体来说,研究者会选择具有某些共同特质(在焦点小组访谈中)或具有不同程度的某种特质的人作为样本。

3) 活动和事件:活动和事件是相关联的两个抽样层次。活动是指个人、单位或团体比较固定的、日常的时间安排,如学校的上课,家庭中的电视观看等等。活动可以分为具体的单位,如看电视剧的活动或晚间新闻的活动等。这种更具体的活动可以称为事件。事件具有情境性,有更清晰的时间边界。沙兹曼等将事件分为三类:日常事件是可以预期的;特殊事件是偶然发生的,但对参与传播行为的人来说,并不意外;意外或危机事件。[1] 以家庭录像观看行为为例,协商租借哪盘带子是日常事件;发现租来的带子很令人失望为特殊事件;而如果租来了一盘好带子,却发现录像机出了故障,就是意外事件了。

(2) 定性研究抽样样本类型

如前所述,定性研究的目的决定了它的抽样方式多为非概率的,或说是"立意"的抽样。李晓凤等人从两个层面对定性抽样的类型和策略进行了归纳。

1) 根据样本的特性进行抽样,其标准是,所选择的样本是否具有完成研究任务的特性及功能,如:

- 极端或偏差性个案样本,其意义在于它的独特性质;
- 强度样本,具有较高信息密度和强度的个案;
- 最大差异样本,即从内部异质性很强的总体里抽出的具有最大差别的样本;
- ……

2) 根据不同的方式进行抽样,强调的是研究者的行动或策略,如:

- 滚雪球式抽样;
- 偶遇式或机遇式抽样;
- 目的抽样;
- 方便抽样。[2]

---

[1] Schatzman, L. & Strauss, A. L. Field research: Strategies for a natural sociology. Englewood, Cliffs, NJ: Prentice Hall, 1973.

[2] 李晓凤等. 质性研究方法. 武汉:武汉大学出版社, 2006:123—132.

（3）研究策略与抽样

为了对实际操作具有更大的指导意义,本书将主要从研究策略的层面讨论定性研究的抽样。在研究中,某一种策略可能更适于某一种样本的抽取。

1）最大变异抽样

当研究的目的是发现一些个案的某些程度不同的特质时,可以采用最大变异抽样的方法,即：将研究对象的总体特征分成类别,从每个类别中分别选取个案,并注意包含极端个体。如,在研究妇女对减肥信息的使用研究中,从年龄、种族、职业、婚姻状况、收入等与减肥信息的使用相关的类别出发选取样本,使样本总体包含了所有类别中处于不同程度上的个案。

2）滚雪球抽样

滚雪球抽样从一个个体开始。一般要选择已知的掌握最多信息的对象。然后,通过这个个体,去介绍或接触更多的样本。当调查对象的总体边缘不清晰时,可以选择这种抽样方法。滚雪球抽样法不可能一蹴而就,比较耗费时间。其优势在于,在理想的状态下,可以找到与研究目的最接近的样本。当然,它的不利因素也恰恰在此。如果介绍人出现判断偏差或有意的误导,整个样本的效度也会打折扣。

3）理论概念抽样

理论概念抽样从已有的理论中关于研究对象特点的界定和描述出发来确定样本。从这点上看,这种方法的逻辑更像演绎的逻辑。如,一种关于自愿建立的亲密朋友关系的理论假定,建立这种关系需要经过一个互相既敞开心扉,又有所保留的辨证过程。基于这样的理论,研究的样本需要：① 互相之间要承认是亲密的朋友；② 这种朋友关系至少要持续两年以上；③ 样本要在日常场合,如工作和学校中,自愿地进行互动；④ 要对在自愿的基础上建立亲密的朋友关系感兴趣；⑤ 要有在深入访谈中较好地表达自己的能力。①

4）典型案例抽样

典型案例抽样是定性研究中经常使用的方法,即,通过辨认研究对象的典型特征来抽样,反过来说,排除那些极端异常的案例。典型案例的特征

---

① Rawlins. Openness as problematic in ongoing friendships: Two conversational dilemmas. Communication Monographs, 1983, 50: 1—13.

有；经常出现；某些特征的平均值状态,如年龄；或者一种理想(未必是最好)状态的组合。典型案例代表了事物在正常场合下的形态,是对现象和文本的一般解释。典型案例抽样也被称为主观抽样,因为,抽样标准基于研究者对总体和个体特征的了解。这里,研究者对个体特征的准确判断很重要。

5) 方便抽样或偶遇抽样

顾名思义,这样的样本是偶然遇到的。一个最常见的例子是街头的随机采访。偶遇抽样的好处是省力、方便。由于样本的偶然性,通过方便抽样能大致了解某些动态和态度,但其代表性极其有限。

方便抽样的一个变种是志愿抽样。志愿抽样的样本由志愿参加调查者组成。这种抽样虽然方便,但它的局限性在于,志愿者往往具有某些共同的特征,很难具有代表性。有研究统计,与非志愿者样本相比,志愿者样本普遍受教育程度较高,工作层次较高,比较喜欢社交,较年轻,思想较开放等。这些都在相当大的程度上影响了样本的代表性。

以上的五种非概率抽样方法的共同点在于,研究者并不特别在意样本的代表性,而重视它的特质。非概率抽样之所以被更多地应用到定性研究中,正是由于定性研究的目的不是演绎,而是归纳,即,从一些具有特点的样本中,发现一些具有规律性或特殊性的东西。

第六章

定性研究的步骤与实施三：资料搜集

一、观察
二、访谈
三、焦点小组
四、文本分析

一、观　　察

用观察法搜集资料遵循以下几个步骤：

1. 选择观察的地点（场合）；
2. 进入观察者角色，即，作为完全的参与者、作为观察者的参与者或作为完全的观察者；
3. 开始观察；
4. 做记录。

1. 选择观察的地点（场合）

观察地点的选择是研究计划制订的组成部分。研究问题是决定观察地点或场合的首要选择标准。研究儿童与电视节目的互动行为的最佳观察地应该是儿童看电视的场合，比如家庭或学校。观察宿舍中人际关系的最佳场合无疑是宿舍。然而，最佳场合并不意味着是唯一场合。因为，观察地点和场合的选择还受到其他一些条件的制约，如是否能够获得允许，是否有所谓的"把关人"的协助等，这些也都是进行有效观察的必要条件。

2. 进入观察者角色

进入观察者角色，无论是作为完全的参与者、作为观察者的参与者或是作为完全的观察者，最重要的是要尽快"融入"角色，即，使自己的存在尽量不要中断或影响被研究者的正常心态和活动。毕竟，观察的对象，特别是实地观察的对象是被观察者的"日常"的和"真实"的活动。进入观察者角色有时是一个缓慢的、渐进的过程，需要有足够的耐心。另外，不要试图一下子进入研究的直接目标活动，可以从一般性和日常性活动开始逐渐深入。

3. 开始观察

首先，要确定观察什么。这个问题应该在制订研究计划时加以明确。

然而,由于定性研究基本上是一种体验和归纳式研究,研究的计划不能成为束缚实际观察的框框,更不能试图将观察强行纳入预先的假设和理论框架之中。因此,观察的内容要在计划的大致框架下随时加以调整。

大致来说,所有的观察都要包括以下几个方面。

(1) 传播的行为者和参与者

家长、儿童、经理、雇员、编辑等,这些是人们的社会身份。社会身份具有固定的社会地位和社会行为。如,学生和教师在教学的场合各有不同的社会地位。观察者可以就他们的社会地位观察他们各自的传播行为和相互关系。这些行为和关系的总和可以进一步描述或揭示某个特定场合的结构特点。

对研究对象的观察应该注意的问题是,一个传播行为者的社会身份并不一定预示着他的实际传播行为,更不能就此推测出他人对他的行为的评价。细致的观察可以发现,一定的行为准则和禁忌只是在特定的场合发生作用。观察方法恰恰可以观察到具有某种身份的人在不同的社会场合是如何与他原有社会身份进行"协商"和"谈判",对原有身份保持、调整、改变或颠覆的。如,学生和教师的行为和互动关系是否和如何在课堂上和新年晚会上发生变化。

(2) 传播行为发生的场合

一个传播行为发生的场合,如,教室、办公室、诊室等,常常能体现出传播参与者的身份、行为动机、性格和形象。如,一位公司经理对自己办公室的布置,应该会既照顾到工作的方便,又考虑到给外界的印象,同时也会流露出个人职业生涯的成功痕迹,比如,摆放了获得的奖状,与名人的合影等。一些临时性的场合,如为某次会议所布置的会场,也能体现出甚至规定了传播参与者的地位、身份和行为规范。这些都是研究传播活动的重要信息。

(3) 初始的互动是如何发生的

人们在初次交往中的行为,包括话语,在很大程度上是这一特定群体社交过程的体现。这个小群体(也可能就是两个人)就在这初次的交往中建立了群体规范和每个成员的传播方式。我们可能都有这样的经验:我们从小学进入了中学,可能在第一个上午,甚至在第一堂课上,在互相招呼,甚至是无言的打量中就悄然并迅速地确定了"群体领袖"。这就是初始的互动行为。

唐纳德·艾利斯(Donald Ellis)认为,可以从五个方面观察这种初始的互动:

- 参与的人
- 环境
- 时间维度,即,互相透露信息的顺序
- 打招呼,提问题
- 明确身份和互相评价(掂量)[1]

对初始互动的观察还可以从语言、表情、姿势、相互的位置、态度和采取的接近策略入手。

(4) 传播行为的主要参与者何时开始聚集和互动

经过一段时间的"初始"互动后,一个群体的成员会依他们的熟悉程度或地位关系发生进一步的"聚集"和更深层次上的互动。此时,观察应注意的是,谁和谁聚集在了一起,他们是在什么情况下聚集在一起的,又是在什么情况下分散的。进一步地,还可以观察在这样的聚散中,人们是如何协调彼此之间的关系,如身体的距离等其他非语言传播符号的。

人在公共场合的关系。对这样的关系的辨认可以通过观察行为标志和物件标志来获得。行为标志是指那些代表某一特定关系的身体和行为方面的特点,如,表示亲密关系的行为有拉手、挽臂、搂腰、拥抱、亲吻或口头的亲密话语表达等。而这些行为如果发生在年龄相当的异性之间,就可能超越了一般的亲密关系而被理解为异性之间"性爱"关系的表示。物件标志也可以是一定关系的表现,如手上带的婚戒是已婚和依然在婚的标志;一对成年男女手中拿的儿童玩具、奶瓶应该是有孩子的家庭关系的反映。不言而喻,对行为和物件标志的观察和推测,需要建立在对特定文化规范的全面了解之上。

(5) 有意义的意外事件或危机事件

在第五章,我们谈到抽样单位的选择时,区分了传播事件的三个层次,即日常事件,意外事件和危机事件。以一个家庭看电视的活动为例,孩子大约每天都在同一时间看卡通片;大家在晚饭前后看新闻联播;孩子看电视的时间一般是由家长规定好的,并基本被孩子认可和执行,等等。这些

---

[1] Ellis, D. G. Ethnographic considerations in initial interaction. *Western Journal of Speech Communication*, 1980, 44: 104—107.

可以算做日常事件。如果孩子不遵循家长的规定,在该做作业的时间还要看电视,但在家长的要求下放弃了自己的主张,则可以看做出现一次意外事件;而如果孩子不屈服,而母亲坚持要执行规定,父亲却迁就孩子的违规行为,结果可能是孩子和家长的电视冲突演变成父母之间的战争,这个家庭就爆发了一场家庭电视危机事件。

构成事件的因素可以是个人层面的,也可以是文化、经济甚至政治层面的。一个国家在正常的传播活动中有固定的传播渠道和明确的传播法律法规,因此,信息和意见能得到较充分的和及时的流通。而一旦传播的渠道受阻,或出现法律法规的缺失或不当,导致信息流通不畅,则可能出现传播危机事件。

以上我们讨论了所要观察的内容。对任何内容的观察,都要试图回答以下的问题:

- 这是什么类型的行为?
- 它的结构是什么样的?
- 它发生的频率是多少?
- 它发生的原因是什么?
- 它的过程是什么?
- 它的(显见)后果是什么?
- 传播的参与者采取了什么样的传播策略?表达了什么样的情感?

4. 记录

观察中的记录一直是一个比较复杂的问题。我们在观察方法的分类中谈到,根据研究者在被研究情境中的参与度,可以分为三种:完全的参与者、作为观察者的参与者和完全的观察者。从做记录的方法角度来看,完全的观察者有着较多的选择,因为他们的身份为被研究者所知和认可。而其他两种角色,特别是作为观察者的参与者的角色,不允许他们用公开的方式做记录。因此,用哪种手段做观察记录,要根据研究问题的需要,更要根据观察者的角色来决定。

总体来说,观察记录有以下几种方法。

现场笔记——笔记是最传统的记录方法。笔记的优点是对仪器条件的要求最低,可能也最不具威胁性。笔记的最主要缺陷有二。第一,在研究对象面前或活动中间不断地在笔记本上匆匆地记录,会吸引研究对象的注意力,甚至容易引起他们的反感。第二,我们所要观察的信息是多方面的、立体的,而笔记不可能同时记录下所有需要的信息,难免挂一漏万,或有所偏颇。而这些信息基本上是不可复制的。

事后记录——为了避免对研究对象的干扰,有些研究者选择事后追记的办法。有时,观察者要时时中断观察,离开现场,以便及时将观察到的信息记录下来。显然,事后记录的最大问题是信息的完整性和准确性。

录音、录像——现代传播技术提供了完整记录现场活动的可能性。从资料获取的角度来讲,这是最理想的方法。它的问题是,对条件的要求较高。设备的操作有两种方式,一是固定在现场的某一个地方,基本自动记录。这样的问题是,如果现场的活动中心发生移动,是否能及时调整。另一种是由观察者直接操纵,但这样对研究对象的干扰就会加大,甚至会超过笔记法。

观察的记录,还涉及一个十分重要的方面,那就是有关法律和伦理问题。在第五章里已经提到过知情同意原则,在本书的最后一章我们还要对此展开更多的讨论。

补充现场笔记——由于现场笔记的种种局限,离开现场后,需要对现场笔记做补充。做补充的时间离现场观察的时间越近越好。补充现场笔记的主要目的是对现场笔记做扩展描写,对现场的细节和感觉做尽可能精确的描述。斯布莱德里提出补充现场笔记的三个原则:语言识别、逐字逐句和具体化。语言识别,即:保留不同的人原初语言的味道和表达方式;逐字逐句强调确切记录原话,而非转译或总结;具体化则是用具体的而非概括的语言来记录所观察的。[①]

二、访　谈

访谈是通过向被研究对象提出问题而获取资料的方法。具体来说,研究者设计出一种谈话的环境,以鼓励被研究者说出对所研究问题的看法、意见、感受等等。

---

① Spradley,J. P. Participant Observation. New York:Holt,Rinehart & Winston,1980.

访谈有不同的类型,从访谈的情境来区分,如民族志访谈、知情人访谈、问答式访谈、叙述式访谈等;从问题的设计和提问的方式区分,有宽泛的结构化的访谈和具体的个体化的半结构或无结构化访谈。

总体来说,所有的访谈方法都遵循以下的步骤:

1. 选择被访者;
2. 问题设计;
3. 建立"谈话"氛围;
4. 提问与对话。

1. 选择被访者

定性研究的访谈中,样本的选择一般不用概率抽样的方法,因为定性研究的目的不在于将结论从样本推演到全体。相反,定性的访谈采用主观抽样的方法,即研究者根据研究问题的需要选择合适的访谈对象。一般而言,一个好的被访对象具有以下的特点或特点之一。

(1) 对所要研究的文化环境有充分的体验。如,参与了某种活动的决策和主要过程;是某个组织的固定或主要成员;对某个事件有较多的了解等等。

(2) 对所要研究的文化环境有初步的体验。如,在某种活动中处于边缘的人;某个组织的临时或新成员。这样的被访者,可以提供和主要参与者不同角度的体验。

(3) 愿意并有能力在访谈中表达自己的感受。其中,对被访者是否有表达能力的判断并不容易。所谓能力,首先要能够进行足够长的谈话。同时,这些谈话要足够清晰、明确地反映所涉及的经历。问题是,在很多情况下,表达能力不仅受环境的影响和制约,更受到与访问者的互动质量的制约,这就需要访问者具备访问技巧,并能掌控访问过程。关于这点,我们将在下面谈到。

(4) 有足够多的时间。不同类型的访问所需时间的长短不同。总的来说,定性研究的访谈与作为定量研究之补充的调查性访谈相比,需要的时间更长。在四种定性访谈类型中,叙述式和知情人访谈的方式所需的时间比较长,民族志方式对时间的要求比较灵活,而问答式所需的时间相对较短。

在具有以上潜在的特点的受访者中,我们可以应用定性方法的某些具体抽样方法来抽样。抽样的种类我们在第五章已经有所讨论,在此不重复。

2. 问题设计

访谈方法中的问题设计是保证访谈顺利进行的最重要条件。问题指导着访谈在准确和明确的轨道上前行。设计得当的问题可以引出真实、深入的信息；反之，则使谈话陷入混乱甚至停顿。

我们前面提到的四种访谈方式都需要对问题做充分的准备，即使是最无结构的民族志方法，也需要在事先准备的议题下进行。

问题设计可以运用以下几种模式。

（1）访谈框架

访谈框架是一种半标准模式。当所研究的问题对提问和回答的内容、措辞、提问顺序和情境的明确性要求较高时，可以应用访谈框架。当访谈需要几个访问员同时进行时，也可以应用访谈框架，以争取最大的可靠性。从它的标准性和可靠性来说，访谈框架接近调查方法中的问卷。

应用访谈框架进行的访谈又称为结构式访谈。在本节开始我们所提到的以提问和回答问题方式区分的四种方式中，问答式访谈最适合运用访谈框架。当然，即使在问答式访谈中，也有一部分问题是开放的，需要在大的结构框架内做适当调整，并允许出现超出框架的回答。另外，与调查方法中的问卷不同，访问员可以对问题做必要的进一步说明和澄清。

访谈框架的问题是，半标准的设计可能阻碍了深入的、预想不到的资料的获得。而定性研究所希望的恰恰是这样的资料。因此，它并不适用于民族志和叙述式访谈。

（2）访谈提纲

顾名思义，访谈提纲是就访谈内容拟订的一些话题。它基本是指导性的。话题的顺序和每个话题的进展深度和广度靠访问员随机掌握。与访谈框架相比，使用访谈提纲的访谈为无结构式访谈。

比较而言，访谈框架更注重资料获取的过程，而访谈提纲更注重目的。另外，应用访谈提纲做访谈，对访问员的要求更高，需要灵活掌握现场的能力和更强的沟通能力。

在定性研究所进行的访谈中，更多的是应用提纲的无结构式访谈，所提的问题应该具有开放性，以鼓励受访者"说出自己的故事"为目标。

贝格将访谈的问题分为四种类型：本质的、附加的、铺垫的和试探的。

本质问题指那些与调查的核心焦点有关的问题。本质问题一般不在访谈开始提出,而需要附加问题或背景问题的引导或准备。附加问题与本质问题有关,但是并不直接发问,而是从不同的角度发问,或用不同的词汇来发问,以对问题有更深入的了解,或用较委婉的词汇获取有本质价值的信息。背景问题是对本质问题的预热,如关于人口统计意义方面的信息和情境等,为了使被访者放松心情,缓和情绪和气氛。试探性问题是由访问者提出的带有引导性的问题,以对被访者有所启发。①

哈奇总结了访谈问题设计的几项原则。

(1) 问题应当具有开放性,给受访者用自身语言来分享他们独特经验的机会。

(2) 提问应当采用受访者熟悉的语言。

(3) 问题的表述应当清楚。除了使用熟悉的语言,还应当清楚地传达研究者期待从受访者那里得到什么信息。

(4) 问题应当中立,不能有诱导性。

其他的原则还有如尊重受访者等。②

3. 建立谈话氛围

在大多数情况下,访问员与受访者事先是互不相识的。访谈的第一件事,就是使被访者消除紧张情绪,消除戒心,建立一种谈话的氛围,一种交流的"语言"。

由于访谈是应访问员的需要而做的,而访问的时间又是有限的,所以,建立谈话氛围的任务主要落在了访问员身上。

建立一个好的谈话氛围有以下几种办法。

(1) 说明目的和原因

一开始被访者就要被清楚地告知他们被访的原因,研究的目的和价值,以及访谈会如何进行。具体来说,还要告知受访者,访谈其实只是一场"谈话"或"聊天",没有所谓正确或错误的答案,请被访者尽可能用自己的话说

---

① 哈齐.如何做质的研究.北京:中国轻工业出版社,2007:104.
② 哈齐.如何做质的研究.北京:中国轻工业出版社,2007:107—109.

出自己的经历。另外,还可以将对被访者的期望和要求告诉他们。明确了期待值,被访者一般更愿意配合访谈。

(2) 自我介绍

自我介绍不但是人际传播的必要环节和礼貌,也是建立谈话氛围和解除对方戒心的有效方法。在访谈中,自我介绍有两个层次。一是一般意义上的自我介绍。第二个层次是可以讲述自己在相同情境下的经历和感受。这种开场介绍往往会使被访者感同身受,自然地以自己的经历和感受做出回应。

(3) 倾听

倾听是一门艺术。好的倾听意味着"给予注意",意味着对被访者和他所说内容的兴趣和尊重。更重要的是,"积极"的倾听者试图听出谈话的"意义"或"深层含义",从中观察、体会到谈话者的动机、态度。积极的倾听还可以注意到谈话者的语调、用词、弦外之音以及其背后可能展现的心态。

访问者可以用身态(点头、微笑、注视)或语言(如"对""嗯"等)来表示自己在注意倾听。

4. 提问与对话

访谈的成功与否,归根结底还是在于提问的成功与否。提问的过程需要考虑两个方面:问题的组织和控制。

访问员可以运用以下五种策略组织问题[①]:

- 访问开始阶段

(1) 从概括到具体,即从贝格所谓的铺垫问题和附加问题到本质问题:首先问一些一般性的、开放性的问题,继之以更具体的问题。

如:关于对某一份报纸的报道的访谈

问题1:你经常看本市的报纸吗?

问题2:你认为本市的报纸办得怎么样?

问题3:你怎样评价本市报纸对财经问题的报道?

问题4:你怎样评价本市报纸对股票市场的报道?

当被访者对要谈的问题有一定的了解,并愿意表达自己的观点时,开

---

① Reinard, John C. Introduction to Communication Research, 3rd edition. Boston: McGraw-Hill, 2000: 241.

放的问题比较容易回答,并能消除被访者的紧张感。而当被访者不能理解概括性较强的问题,或需要提示和鼓励才能清楚地表达自己的观点时,则可以采用第二种策略,即:

(2) 从具体到概括,其目的是在启发被访者对所谈的问题加以分类、总结或概念化,获取其对问题本质和总体认知方面的信息。

如:关于对电视节目形态的访谈

问题1:你最喜欢的电视节目是什么?

问题2:同样类型的其他节目你还喜欢哪些?

问题3:你喜欢什么类型的电视节目?

● 跟进阶段

(3) 重复

当被访者对问题不太理解或有所犹豫时,可以用重复问题的办法继续谈话或获取进一步的信息。

如:关于对电视新闻节目的访谈

问题1:你经常看哪类电视新闻节目?

回答1:严肃新闻。

重复:严肃新闻?

回答2:是,因为……

(4) 深入

当需要对某些回答加以确认,或需要更详细的信息时,可以直接要求被访者加以解释。

如:

问题1:你为什么要带你的儿子去看心理医生?

回答:因为他在学校和同学经常发生矛盾。

问题2:什么样的矛盾?你能详细地说一下吗?

(5) 缓和

当被访者显得不耐烦,或表现出不愿意继续谈话时,可以表示理解,并询问这样的谈话方式是否有什么不妥之处。

如:

问题:你好像不太愿意谈你儿子的问题,是不是我这样问你觉得不舒服?你觉得怎样谈好一些?

最后,在实际研究中,访谈法经常与观察法同时使用,以获取最多的信息,也可以在一定程度上印证访谈所获信息的可靠性和有效性。如,在访谈进行中观察被访者是否专心回答问题,或者是心不在焉;可以间隔一些时间提出同样或类似的问题,以观察被访者的反应;观察被访者回答问题时是否很确定,或是犹豫不决,等等。也就是说,访谈不仅是听其言的过程,也是观其如何言的过程。

三、焦点小组

焦点小组的目的和作用我们在第三章里已经谈过。焦点小组是访谈的一种特殊形态。除了遵循访谈方法的一般原则外,焦点小组访谈过程最重要的是启发和保持组员之间的谈话互动、讨论甚至争论。

焦点小组方法大致遵循四个步骤。

1. 选择小组样本

与其他定性研究的样本选择一样,焦点小组的选择一般不是随机的,而是根据研究问题的需要而选择的,即:主观抽样或有目的的抽样。也就是说,所选的参与者要具有与研究问题相关的共同特性和经验,也就是同质性。同时,参与者应该彼此并不认识或熟识,以避免"同侪压力"。

焦点小组的规模是一个有争议的问题,也没有统一的规定。有人认为6—8人比较合适,也有人建议不超过12人。成员过少,无法引起和维持讨论;而人数过多,有些成员可能没有足够的发言机会。

2. 准备访谈场地

焦点小组访谈的场地没有特殊的要求,多在会议室、教室等地举行。为了营造较好的谈话和互动气氛,场地不要过大。与其他访谈一样,除了记录谈话内容外,观察也是焦点小组资料的重要组成部分。研究者可以作为讨论的组织者,但也可以同时作为观察者。访谈的过程可以被录音或录像。

3. 准备访谈提纲

与访谈不同的是,焦点小组访谈开始之前,一般要对小组成员进行一次简单的问卷调查,目的是使小组成员在谈话开始前对所要讨论的问题有所了解和有一定的思考,进而更愿意并更好地在访谈中发表自己的意见。先期的问卷还有助于研究者了解小组的大致状况,以便在小组讨论中提出更恰当的问题。

访谈的问题设计应该遵循以下原则:

- 问题可以引起对话和讨论;
- 使用参与者的语言;
- 容易表达;
- 清晰;
- 简短;
- 开放;
- 含义单一;
- 包含必要的、清晰的说明。[①]

4. 讨论

焦点小组的讨论,由协调人介绍本次讨论的题目,并给小组成员一些具有提示意义的信息。如,一个广告的片段、一幅画、一段演讲的录音。然后,协调人可以请组员就这些内容回答问题。

焦点小组访谈一般是非结构性的,因此预先准备的问题只是指导性的提纲。提出初步的问题之后,组织者还要鼓励组员回应其他组员的谈话。

焦点小组的问题并不一定局限于首先准备好的提纲。组织者要特别注意允许并抓住谈话中有意义的思想和意见,使谈话得以继续和深入。

克鲁杰提出了焦点小组讨论的流程要点。

---

① 理查德·克鲁杰等著.焦点团体:应用研究实践指南.林小英,译.重庆:重庆大学出版社,2007:34—35.

（1）用一个简单的开始使对话迅速地展开并进入正题。要以小组里每个人都容易回答的问题作为开始问题。

（2）问题或谈话主题是有顺序的，问题按一定的逻辑进展。

（3）问题进展的逻辑是由一般到特殊，由表面到实质。

（4）明智地利用时间。这包括，提供足够的时间给每个小组成员表达意见，及时引导讨论向下一个问题进展，因为，按照从一般到特殊和由表面到实质的原则，重要的讨论往往在后半程才逐步展开。[1]

与一对一的访谈不同的是，焦点小组由性格和表达能力不同的成员组成。组织者能否动员并鼓励所有的成员充分地表达意见是焦点小组访谈成功的重要保证。

具体来说，组织者对不同的成员应采取不同的应对措施：

- 对不愿、不善表达者加以更多的关注和鼓励；
- 防止"百事通"、"霸占"或"控制"话语权；
- 防止讲话啰嗦的成员占用太多的时间；
- 适时阻止那些"不合作的"成员对谈话的"破坏"。[2]

哈齐提出了下面的一些主持焦点小组访谈的技巧：

- 在访谈开始前留一些时间会见参与者；
- 提出对访谈的期望、一些基本的指导和原则；
- 开始访谈后，让参与者介绍自己，分享各自的背景信息；
- 适时提出引导性问题；
- 保持谈话集中在要研究的主题上；
- 监督与平衡谈话。[3]

---

[1] 理查德·克鲁杰.焦点团体：应用研究实践指南.林小英，译.重庆：重庆大学出版社，2007：34—35.

[2] Wimmer, R. D. & Dominick, J. R. Mass media research: An Introduction, 5th ed. Belmont, CA: Wadsworth, 1997: 469.

[3] 哈齐.任何做质的研究.朱光明等，译.北京：中国轻工业出版社，2007：138.

四、文本分析

文本分析的资料搜集可以分为以下三个步骤:

1. 确定分析单位;
2. 抽样;
3. 记录。

1. 确定分析单位

确定分析单位(unitization)是搜集资料的第一步。分析单位就是将要分析的内容。确定分析单位就是将那些有待分析的内容与其他不相关的内容加以分离和界定。

那么,如何确定分析单位呢?有下列几种方法:

(1) 固有单位:有些分析单位在文本中是显而易见的,因为它们是文本形态中固有的,如文章的段落、句子、一个镜头、一幅画等。固有单位的划分依据是媒介的自然形态。

(2) 意义单位:构成文本内容意义的最小单位,如文章中的一个词、电视中的一条新闻、剧本中的一个场景等。意义单位划分的依据是文本制造的人为划分。

(3) 参照系单位:用特定的事物、事件、人物作为参照而描述的分析单位。如,将一位妇女分别描述为女强人、母亲和公司经理;或将"9·11"事件分别描述为恐怖袭击、反美的胜利或美国历史上罕有的本土被入侵事件等。归类描述单位在揭示文本的符号与其意义之间的关系时非常重要。

(4) 主题单位:以文本中所涉及的主题为依据而划分的分析单位。

2. 抽样

由于定性研究的目的并不在于推广结果,因此其样本并不必然具备代表性。相反,定性的文本分析抽样目的更多的是想获取一个研究的"窗口"。

同样,样本量也不是定性文本研究抽样所首先考虑的。在能得到深度分析的小样本与不能得到深度分析的大样本之间,定性的文本分析更注重的是前者。可以与之类比的是在深度访谈与大规模调查之间的选择。具体的抽样方法见第五章。

3. 记录

确定了分析单位,并对分析单位进行了抽样后,就要做记录。记录是任何研究的重要一环。记录的过程不是简单的原样照抄。记录的过程也是理解、解释和转换的过程,不可避免地包含着意义的生成、附加和流失。

对文本内容做记录需要以下的几个条件:

(1)记录员。理想的记录员要具备两方面的能力:熟悉所研究的内容,并掌握科学研究的方法以及抽象和归类的能力。同时具备这两方面能力的记录员并不多。如,要对一部民间传说的内容做记录,当地民间艺人可能对其内容最为熟悉,但他可能缺乏将这些内容转换成可供分析的资料的记录能力。一般来说,记录员多用受过科学方法训练的学生,并让他们对所研究的内容有所熟悉。

在较大规模的文本研究中,可能需要若干个记录员。由于定性研究的特征是对文本进行解读,不同的记录员对文本的记录就是不同的个体解读过程。为了保证记录尽可能地一致,如果需要多个记录员的话,就要对他们进行培训。

(2)设计记录表或编录单。对文本进行分析,需要先对文本内容做记录。记录涉及两项工作:确定编录单位和制定记录表或编录单。

编录单位是进行文本分析的最小单位,可以是词、词组、概念或主题,也可以是句子。对于非语言类的文本,如图像,记录编录单位可以是一个镜头、一副画面,也可以是一副画面的局部。

由于编录单位是文本分析的基础,编录单位的确定就十分关键。确定编录单位要遵循两个分类的原则:单位所代表的意义或概念之间要互斥;所有并列意义或概念之和要穷尽上位意义或概念。如:记录一本小说中出现的人物,以性别分类,有男人和女人。上位概念是人物性别,则它所包含的类别有两个,即,男和女。这就是一个既互斥又穷尽的分类。

记录表是对文本内容的最直接的原始的记录。由于文本的形式和内容的多样化,记录表的设计没有严格的标准,也需要很大的自由度。

对每一个确定好的编录单位要制订一份记录表或编录单。表 6.1 是一份人物描述分析的编录单的样本。[①]

表 6.1 编录单样本

```
小说标题_____    小说编号_____
人物的姓名_____
人物的描述
_____

  1. 居住国                    5. 角色
  (1) 中国                     (1) 主要英雄人物
  (2) 外国                     (2) 主要反面人物
  (3) 不详                     (3) 一般人物
                              (4) 小角色

  2. 国籍                      6. 年龄
  _____                       (1) 儿童
  3. 民族                      (2) 少年
  (1) 汉族                     (3) 青年
  (2) 少数民族                 (4) 中年
  (3) 其他(写明)_____          (5) 老年
  (4) 不详                     (6) 年龄变化
                              (7) 不详
  4. 性别
  (1) 男性
  (2) 女性
  (3) 不详
```

---

① 袁方,王汉生.社会研究方法教程.北京:北京大学出版社,1997:408.

第七章

资料的整理与分析

>>>

一、定性资料的特征
二、定性资料的形态
三、定性资料分析概述
四、编码和归类
五、分析策略

一、定性资料的特征

定性资料具有如下特征：

1. 以语言和形象为媒介；
2. 以观察、访谈或文献为基础；
3. 经由靠近实地的、现场的，经过一段时间的调查而获得；
4. 需要经过处理才能做出分析。

二、定性资料的形态

与定量研究的资料以数字形态表现不同，定性研究的资料载体是文字或画面等文本。

1. 现场笔记

顾名思义，现场笔记就是在研究现场做的笔记。现场笔记是对研究现场的详细的再现，包括事件、人物、场景、对话等一切细节。现场笔记可以有两种记法。一种是真正在现场记的笔记。由于是随事件发生同时做的笔记，这类笔记不可能十分详细和完整，而大多是片段性的。研究者一般在笔记本，甚至纸片上随手写下所闻、所见甚至所想。根据需要，有时现场笔记不能公开地做，研究者可以短暂地离开现场，以及时记录下所见所闻。

另一种现场笔记实际并不在现场做，而是在一天的现场观察结束后做的笔记。与第一种方法不同，这样的笔记有充裕的时间，可以做得更加详细、完整。这种现场笔记一般是按照事件发生的时间顺序记录的。由于有更充裕的时间回忆和记录，这类现场笔记的重点在于记录下现场事件所发生的条件、情境（context）以及研究者的即时思考。而这些，是由录音、录像等媒介所记录下来的资料所无法反映的，是对录音、录像资料的必要佐证和补充。

总之，现场笔记是对研究对象的最原始和详细的记录。

现场笔记的记录要遵循以下的原则。

（1）现场笔记要在事件或观察发生后的第一时间做。间隔的时间越长，遗忘或遗漏的可能性就越大。

（2）在现场笔记记录之前，不要与其他研究人员讨论现场的事件及对事件的观察，以尽量保证记录的原始性。

（3）应以事件发生的时间先后来做现场笔记，以保证记录的原始状态。

（4）现场笔记要记得尽量详尽。要包括所谓五个"W"中的四个，即：谁、什么时间、做了什么、怎样做的。详尽还意味着要具体，要将每个事件和行为分解为更小的细节单位来记录。

2. 日志、日记

现场笔记记录的是研究的内容，而研究日志和日记记录的是研究的过程和感想、有关访谈对象的信息、进入现场的时间和次数、与"守门人"的接触等。日志和日记还可以记录研究中出现的问题，遇到的麻烦及解决的办法等等。及时的日志还可以及时地纠正现场研究中所出现的疏漏和失误。

更重要的是，日志和日记是现场记录的必要补充。它虽然不是研究的直接内容，却可以从另一个侧面或更深的层次反映被研究对象的本质。

3. 访谈记录稿

尽管话语不是访谈的全部内容，但录音和录像设备无疑可以完整地记录下访谈的话语部分。这里需要说明的是，访谈的录音、录像只有转换成文本才能进行分析。录音、录像的文本转换是一项技术含量很高的工作。目前，有专业的机构和专业人员可以从事这项工作。在有条件请专业人员时，要首先清晰、准确地给录音、录像资料做标签。标签的内容要包含：序号、日期、被访者姓名、访问者姓名、采访地点和采访题目。标签工作要在访谈后立即进行，以避免遗忘和错漏。录音、录像资料要有备份。如果有不止一盘录音或录像带，还要另做一份目录或索引。

不管是经过转化的录音、录像记录稿还是人工记录稿，要记录得尽量完整详尽，不仅要包括主要的问题和回答，还要包括停顿、停顿的时间长度、重复的内容、口头语、强调语等，还要标注出突出的语调，因为这些都可能含有"意义"。

三、定性资料分析概述

1. 定性资料分析是一个循环的过程

我们在前面谈过,定性研究的逻辑是归纳的,即,从一个个案出发力图找出有意义的,或带有一定规律性的现象并加以解释。这个逻辑似可以用观察现象—分析—解释—结论这样的路径来描述。

事实上,定性研究的过程并非是线性的,而是循环往复的。实地观察(访谈)、文本材料的转换、编码(下面将要讨论)和概念化几个步骤经常是同时开始的,至少是同时考虑、互相补充或制约的。

如,在进入现场获取原始资料之前,研究人员不可避免地或不自觉地已经做了一定的概念化或分析的工作。如,访谈框架的制订要依据对访谈对象和内容的大致了解和分析。在资料搜集的过程中,要依据现场的实际情况,不断地修正框架和提纲等。这种灵活的路径给研究提供了更大的空间,以适应定性研究的探索性目的。

定性研究的资料整理与分析过程也可以用以下的梯形图(图 7.1)来表示:

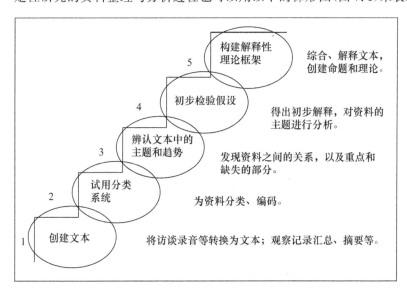

图 7.1 定性研究分析梯形图

注:根据 Matthew B. Miles,A. Michael Huberman Qualitative Data Analysis 第 92 页,图 5.1 整理。

2．整理

资料分析的前提是对资料进行整理。在定量研究中，整理意味着将资料数据化并做统计。在定性研究中，资料整理分为资料的编码和归类、对比、排序等。我们将在本章第四节中讲解资料的编码和归类。

3．解释

尽管定性研究的主要目的是对现场、事件、人物或话语做详尽的描述，但许多研究还是力图对所描述的现象做出一定的解释——在现象和意义之间建立联系，也就是说，既回答"什么"和"如何"的问题，也回答或部分地回答"为什么"的问题。

行为、现象和它所代表的意义之间具有一定的联系。由于意义建构具有主体特征，不同的人就会给相同的行为赋予不同的意义。行为主体对行为的解释和意义的建构称为"一手概念"；研究者对行为和现象的解释称为"二手概念"。"一手概念"是解释行为的文化环境或人际关系的原始基础，而"二手概念"则是研究者用以解释"一手概念"的框架。许多时候，行为发出者和研究者对现象和意义之间联系的解释并不必然是协调一致的。但不一致也许恰恰就是定性研究的价值所在。

四、编码和归类

定性研究中的编码是广义的。编码在这里意味着对原始资料的标签、区分、归类和整理等。编码的方式有具体的、依资料的主题的分类，也有更概括的依概念的分类。

具体的步骤如下：

1．通读

编码之前，要对资料进行通读。通读的最重要目的是发现那些与研究问题有关的概念、内容和主题。通读时还要记下对理解资料有关键意义的情节、行为发生的顺序、重复发生的情景等等。另外,通读还要注意资料是否充分和完整,是否遗漏了重要的信息,索引和对原始资料的转换是否准确等等。

2. 编码和分类

编码和分类可以有两个层次。

第一层次的编码以资料具体、明显的内容为依据。如:人物、行为、场景、时间段、时间和活动等。这类编码或分类称为主题编码或主题分类。由于有比较明确的分类标准,第一层次的编码相对简单和容易操作,只要制定好编码或分类系统即可。

第二层次的编码依资料的抽象内容为依据。如:理念、信仰、事物之间接或抽象的关系、文化概念等。这一层次的编码或分类比较复杂和困难,因为,这些抽象的内容往往是间接地表达出来的,甚至是通过其他方式隐含在资料之中。这就需要编码者和研究者既有透彻全面地了解现场研究对象的能力,又有进行科学思辨与抽象的能力。同时,由于定性资料具有原始的和探索的意义,编码和分类者还需要调动自己的"第六感觉",即"直觉"。

以下是两个分类编码的例子。

例1:事物关系或人际社会关系分类编码[1]
- 严格的包含关系:X 是 Y 的一种;
- 空间关系:X 是 Y 的一部分;
- 因果关系:X 是 Y 的结果;
- 推理关系:X 是做 Y 的理由;
- 行为的地点:X 是做 Y 的地点;
- 目的手段关系:X 是做 Y 的方法;
- 顺序关系:X 是 Y 的一个步骤;
- 归属关系:X 是 Y 的一个特征。

---

[1] Spradley, J. P. Participant Observation. New York: Holt, Rinehart & Winston, 1980: 93.

例2：关于家庭中媒介使用行为的分类编码①

D. 对媒介使用权的掌握控制（包括：开关、选择节目、换频道、决定是否购买或租借等）

 D1. 对录像机的掌握

 D2. 对电视的掌握

 D3. 对收音机的掌握

 D4. 对纸质媒介，包括报纸、书籍、杂志等的掌握

 D5. 对计算机的掌握

需要注意的是，在这个分类编码系统中，掌握控制是一个比较抽象的概念。在分类前，需要对它加以定义和列举。

G. 对录像机的使用

 G1. 录像

 G2. 回放

 G3. 存储

 G4. 购买录像带

 G5. 租录像带

 G6. 将录像机带到外面使用（非家庭使用）

任何分类的标准都不是唯一的。如在第2个例子中，对媒介使用的掌握和控制是从媒介类型的层面分类的。我们也可以从控制行为的类别来分。这就好像我们给人分类，既可以以性别来分，也可以以年龄或学历来分。用什么标准来分类，要依研究的需要来决定。第一层次的分类标准，应以与研究目的最相关的变量为准。

分类的两个原则是互斥和穷尽。互斥原则是：两个类别之间不能重合。如，行为D2对电视的掌握和D5对计算机的掌握两个概念之间不能有重合。这样，某一种行为属于对电视的掌握，就不能属于对计算机的掌握。穷尽原则是：大类要包含所有可能出现的小类。如，G1至G5应该是所有对录像机使用行为的总和。互斥和穷尽原则保证了所有的资料都能够被完整和准确地登录编码。

编码的过程还可以进一步分为三步：开放性编码，主轴性编码和选择性

---

① Lindlof. 1995:221.

编码。

开放性编码是对资料进行整理的第一步。研究者找出资料或记录文字或画面中的主题,并给以符号标签,将资料按主题进行分类。开放性编码过程是连续、开放的,也就是说,新的主题随着对资料的阅读而不断出现并修正已有的分类。开放性编码中出现的主题是比较显性的,通过关键词、形象等很醒目地存在于资料之中。开放性编码要问的问题是:"都有什么?"

主轴性编码是编码和分类的第二步。与开放性编码关注资料本身不同,主轴性编码从一系列已有的、有关联的概念入手,关注出现在资料中的概念之间的关系,也就是对一系列概念进行组织,并分析出其中的核心概念,即主轴。具体来说,在主轴性编码时,研究者要问的是这样一些问题:"什么是因,什么是果?""什么是产生什么的条件?""什么在先,什么在后?"

选择性编码是整理资料的最后一步。在确定了主轴概念和概念间的关系后,要选择能突显主题的个案或情境,对与之有关的资料进行进一步挑选、归类或比对、排序。[①]

3. 利用计算机软件系统整理定性资料

计算机数据库管理系统可以辨认信息之间的类别关系,给类别编码,避免人工分类或编码带来的模糊和不确定、不稳定问题。特别是,计算机系统的操作可以节省大量的时间。另外,计算机还具有检索和重整资料的功能,有利于对资料进行对比、联系和组合等分析。[②] 当然,对于以解释和探索为目的的定性研究来说,计算机软件并不是万能的。它的整理能力要大大地强于它的解释和分析能力。研究者对具体问题的认知和灵活掌握永远是定性研究的最重要的条件,也是所有科学研究的最重要的条件。

[①] Strauss, A. Qualitative Analysis for Social Scientists. Cambridge, UK: Cambridge University Press, 1987.

[②] Miles, Matthew B. & A. Michael Huberman. Qualitative Data Analysis, 2nd ed. Thousand Oaks: Sage, 1994: 131.

五、分析策略

1. 排列

当所要研究的信息具有多个子类别或多种状态时,可以将它们用排列(typological)的方式整理出来,从而对每一种子类或状态的状况加以解释或评价。对子类的划分有两种方式。第一种方式是沿用被研究者对子类所做的原始分类。如,将报社的员工分为编辑、记者和经营管理者。第二种方式是由研究者所做的分类。这种分类通常是在概念层面上的。如:将报社的员工按照对报道决策影响力的大小分为主要决策者、次要决策者和执行者等。还可以进一步将各个子类按照参与决策的机会或行为特征加以区分和排列,等等。

概念层面的分类排列标准并不是凭空而来的。它要依据已有的相关研究对类似概念所做的划分。更重要的是,要根据与研究的课题最相关的概念进行划分。

恰当的分类和排列做好之后,就可以将资料分别放入这个框架之中。当所有的相关资料或实例全部放入框架之后,一定的规律或模式就可能显现出来,并成为解释整体资料的基础。

2. 关系分析

我们在本章第四节中谈到编码时,列举了一种根据事物关系而设的编码系统。事实上,关系分析是科学研究的最重要的目的之一。在定量研究中,关系分析或关系的建立是通过统计学意义上的关联性来实现的。而在定性研究中,我们通过事物之间的逻辑关系来分析。

以两件事物(现象)A 和 B 的关系为例,它们的关系可以有:

(1) A+,B+   (有 A,有 B,或相反)

(2) A+,B−   (有 A,无 B,或相反)

(3) A↑,B↑   (A 出现频繁,B 也出现频繁)

(4) A↑,B↓　　　　　　　　（A 出现频繁,而 B 不频繁）
(5) A↑,然后 B↑　　　　　（A 先频繁出现,随后 B 频繁出现）
(6) A↑,然后 B↑,然后 A↑　（A 先频繁出现,随后 B 频繁出现,
　　　　　　　　　　　　　　随后 A 更频繁出现）

需要说明的是,定性的关系分析只注意二者的关系是否存在和如何存在,而不注重说明关系是否互为因果。如在关系(3)中,我们只是说,A 频繁出现,B 也频繁出现。我们并不确定,B 的频繁出现是由于 A 的频繁出现。建立因果关系需要统计学的定量因果分析证明。

3. 象征

象征或比喻(metaphor)是人类语言传播中常用的手段。象征和比喻将两件事物的相同点进行比较,而忽略了它们的不同之处。比如,在毛泽东的名言"帝国主义和一切反动派都是纸老虎"中,他将帝国主义的虚弱本质和纸老虎的"一捅就破"相比,而不去追究二者之间在外形和生物层面上的不同。

在定性研究中,可以通过辨别象征或比喻手段的使用、类型和场合,将两个原本并不相关的概念和意义联系起来加以分析。象征和比喻还可以将抽象的概念具体化,或者反过来,将传播活动的具体经验抽象到概念的层次,使之产生理论的意义。

如,在谈到"同龄人的友谊"的重要性时,青少年常常会说,"不背叛""倾吐秘密"等是建立友谊的最重要的基础。同时,他们还可能用"背后插刀""落井下石""背后议论"等来象征或比喻友谊的"杀手"。而成年人对友谊的解释可能有所不同,他们可能使用"诚信""正直""有共同语言"等概念来象征友谊。在这里,他们用一些具体的、经验性的行为替代"友谊"这样的抽象概念。我们也许可以发现,在青少年中,这个替代是完全的,而在成年人中是不完全的。我们也许可以得出结论说,青少年和成年人用不同的话语来表达对友谊的重要性和体现的理解。这就是象征和比喻分析对于意义解释和理论建构的作用。

4. 戏剧化

美国文学理论和批评家伯克(Kenneth Burke)提出了对文本的戏剧批评模式,即,将传播或传播的文本看做戏剧化的表达过程。在这个模式下,人的传播行为是人在特定的背景下所"扮演"的特定的社会"角色"。与此相关的其他戏剧因素,如情节、场景、剧情发展、台词及观众等则被移植到相应的传播活动中。

如,教学观摩课可以被研究者看做一种戏剧化的传播过程。教师和学生各自在其间扮演不同的角色。通过分析这些角色在课堂上的语言、手势、体态、表情及他们之间的互动,我们可以发现这个特定场合下的社会结构、社会关系以及交流模式的某些规律。

5. 话语分析

不言而喻,在所有的表现方式中,以语言做载体的(口语或书写的)话语是表现我们"经验"的最重要的形式。不仅如此,话语还是使我们的生活具有"社会意义"的主要媒介。我们的生活只有通过话语的再现才对我们自己和他人具有意义。也就是说,话语既表达我们的经验,更建构我们的经验。

话语分析既是一种定性研究分析方法,特别是对访谈资料进行分析的一个重要策略。

话语分析可以从以下几个方面入手:话题、主题、开始、高潮、转折、语音语调、修辞手段(比喻、重复、类比、强调等)。

由于话语的表达具有强烈的时间和文化特征,话语分析还要关注表达的特定场合和文化背景,也就是说,要具体分析某种话语在某个特定场合里对参与交流的人的意义。脱离了时间和文化特定性的话语分析是没有意义的。

第八章
定性研究的检验与评价

>>>

一、资料的检验
二、研究质量评价

在本书的第四至第七章,我们讨论了定性研究方法的具体实施。本章将讨论定性研究资料的检验和研究的质量评价。

一、资料的检验

在第一章中,我们提到了学界对定性研究方法的批评:如,选择研究样本和数据不完整;测量工具模糊、不精确,不足以用"量"的尺度来衡量和区分;对研究方法和过程的描述不够清楚和精确,不足以使后继的研究者重复研究;无法控制或排除干扰因素,无法保证研究的信度,因此无法证明或证伪假设,等等。

从对定性研究的特点的讨论中我们知道,定性研究并不以量取胜,也不必然具有统计学意义上的"代表性";同时,它不否认研究环境其至研究者对研究过程的"干扰"。

尽管如此,通过定性方法所获得的资料,还是需要得到一定程度的检验,以便能保持最大限度的"高质量"。

具体来说,我们可以用以下方法检验资料的质量。

1. 检验样本的典型性

我们在第五章讨论过定性研究样本的获取。在定性研究中,研究者并不特别在意样本在统计学意义上的代表性,而重视它的特质,即:典型性。因为定性研究的目的不是演绎,而是归纳,即,从一些具有特点的样本中发现一些有规律性或特殊性的东西,因此,我们常采用非概率抽样方法获取样本。

非概率抽样方法的问题之一是,研究者可能会不恰当地依赖易获得的(或"精英")样本,而忽略不易获得的(或"边缘")样本,因而无法保证结论的全面性和完整性。

定性研究资料的这种偏差可以用下面的几种方法纠正:

(1) 增加样本量;

(2) 有目的地寻找不同的样本,如相反的、极端的样本;

(3) 在一定的范围内做概率抽样。

2. 检验研究者效应

由于定性研究的高度参与性,"研究者效应"是不可避免的。"研究者效应"是双向的。它既有研究者对研究场合(情境、被研究者)的影响,也有研究场合对研究者的影响。

研究者对研究场合的影响是显而易见的。在实地研究中,研究者通常以参与观察或访谈的方式获取资料。研究者不可避免地打断、干扰甚至威胁到被研究对象的"正常"生活。被研究对象要探究对方的身份、来意以及获取信息的目的等。他们会自觉不自觉地在一定程度上改变自己的行为或所处的环境,取悦、排斥或适应研究者的需要。当然,这些都不是实地研究所欢迎的。

缩小研究者对研究场合的影响的方法有:

(1) 尽量延长在研究实地的时间,保持低调;
(2) 尽量减少对研究场合的干扰;
(3) 明确交代研究的目的和方法等;
(4) 从被研究者中选出一位合作者,请他帮助观察和提示研究者效应。

另一方面,研究场合对研究者也会产生影响。参与观察的研究者如果长时间与被研究者接触,可能会过度地浸淫到被研究的场合中,过度地相信所接触的资料和对象所提供的信息,因而失去或弱化对信息做客观和全面的判断的能力。

缩小研究场合对研究者的影响的方法有:

(1) 扩大样本的范围和类型,特别是要避免过度地依赖"精英"样本;保证样本的多样性,特别是注意包含有别于主流的行为、特征和意见的样本;
(2) 尽量将访问分几次进行;访问完毕尽快离开现场;
(3) 与被访者保持"职业性"的距离;
(4) 对所获资料进行交叉检验。

3. 交叉检验

交叉检验是定性实地研究中比较常见的方法,即从不同的途径或用不同的方法获取资料,以互相验证效度。

具体来说,交叉的方式可以有:

(1) 不同的资料来源,如不同的被访者、访问时间或地点;
(2) 不同的方式,如观察、访谈或文本;
(3) 不同的研究者。

什么样的交叉组合对检验资料最为有效呢?应该选取那些具有较大差异的方式,以使检验的结果最具有说服力。举例来说,我们对某条电视广告的内容的理解进行访谈。访谈首先在儿童中进行。儿童认为这条广告是夸张的、虚假的。我们还可以对家长进行交叉访谈,以获取更加全面的信息。如果经过交叉检验的信息与首次信息互相印证,那么我们可以说,我们的资料的信度是较高的。或者,我们可以对一组儿童进行焦点小组访谈,然后交叉以单独访谈,以排除小组访谈可能带来的同侪压力。

4. 检验论据

科学研究中的资料是研究者论证问题的论据。论证要建立在强有力的、真实的论据之上。但不是所有的资料都能成为有力的论据。检验论据是否有力,是对资料进行检验的重要部分。

一般而言,真实的、有力的论据有以下特征:

(1) 第一手的,而非听说的;
(2) 观察到的行为或活动,而非经过报道或说明的;
(3) 经过一段时间的实地调查,而非匆匆获得的;
(4) 被研究对象对研究者有充分的信任;
(5) 在非正式的场合,而非官方的场合获得的;

5. 寻找相反的例证

据说爱因斯坦曾有一句名言:"没有什么证据证明我是对的;任何一个证据都能证明我是错的。"我们作为常人的心理趋势,决定了我们所相信的恰恰是相反的。我们倾向于相信符合我们假设的论据,而忽略那些与我们的结论不一致的,甚至相反的论据。然而,正是这些论据可以补充检验我们的资料和论证。相反的例证有助于保证资料的全面、完整以及论证的谨慎和严密。

二、研究质量评价

在本小节,我们讨论定性研究结果的质量评价问题。

如我们在第一章中所讨论的,定性研究的根本目的是对人的传播活动进行体验式解读。定性研究者认为,现实是主观的、多面的。研究者与被研究者是互动的关系。定性研究的逻辑是归纳的、探索性的。

定性研究的这些特征,对评价定性研究结果的标准提出了挑战。一些定性研究学者认为,由于定性研究方法的"主观性"和"不确定性",几乎不存在"统一"的、"客观"的评价标准。他们认为,任何试图建立这样的"标准"的尝试,都忽略了定性研究注重情境、注重解释和或然性的特点。

这是不是就意味着,对定性研究的质量就无需或无法评价了呢?当然不是。归根结底,无论是定量研究还是定性研究,对结果质量的评价,是为了证明研究的可靠性、真实性和权威性。

根据迈尔斯等的建议,对定性研究的质量控制和评价,可以通过对以下四个方面的具体问题的回答来操作。

1. 客观、可求证

(1) 研究的基本方法和步骤是否明确,是否具体?

(2) 研究中是否基本遵循了如何搜集、处理、转换资料的步骤和方式?

(3) 结论是否与资料有明确的逻辑联系？
(4) 研究的过程和步骤是否有详细的记录，以备核查？
(5) 研究者对可能存在的个人偏见、主观预设、价值观以及它们在研究过程中的表现是否有所警惕？
(6) 是否考虑过不同的或相反的结论？
(7) 研究资料是否得到了妥善的记录和保存？[①]

2. 可靠

(1) 研究问题是否明确？研究方法是否符合问题的需要？
(2) 研究者在研究过程中的角色和作用是否明确？
(3) 结论与研究对象、研究场合和时间是否一致和合理？
(4) 基本结论和分析框架是否具体明确？
(5) 如果资料搜集由不同的研究者完成，他们的程序和方式是否一致？
(6) 是否进行了同行测评？

3. 有效

定性方法的有效性与定量方法的效度是两个彼此相关但很不相同的概念。定量方法中，研究的效度是通过统计分析来保证和检验的。对定性研究方法来说，研究的有效性强调的是明显、确实、可能和充分等特征。有效的研究还涉及以下几方面的问题。

(1) 对研究对象的描述是否考虑了整体情境（context）的影响？
(2) 描述是否全面，是否考虑了当时当地的特殊和暂时的状况？
(3) 用不同方法交叉检验的结果是否基本一致？
(4) 结论是否具有内部一致性？其中的概念是否具有逻辑上的相关性？
(5) 假设和命题设立的规则是否明确？

---

① Miles，Mattew B. & A. Michael Huberman. Qualitative Data Analysis，2nd ed. Thousand Oaks：Sage，1994：278—80.

（6）研究中的不确定问题是否有清晰的记录？

（7）是否寻找过相反的例证？

4. 应用/行动

一项研究的应用价值也是检验其质量的标准之一，特别是在评价或政策性研究中更是如此。所谓应用价值就是，研究对被研究对象或现象是否有实际影响，是否会改变形状。在传播学研究中，传播法律法规的制定、政府的决策、传播机构的管理以及个人传播行为等，都可以是应用研究的对象。

从理论上来说，有应用价值的研究可以加强人们对传播现象的理解，提高他们为自己的利益而采取行动的能力。

另外，在考察研究的应用价值时，也会涉及传播伦理的问题，即：谁能从研究中获益？谁的利益会受到侵害或损失？

下面是对应用价值的评价问题：

（1）与研究有关的、可能受到研究影响的人是否可以获知研究的结果？

（2）研究结果是否可以成为应用者的行动参考？

（3）研究所建议或提出的政策或行动是否能帮助解决地方的实际问题？

（4）可能的应用者是否认为他们的知识或认识水平得到了提高，对自己行为的控制力得到了加强？

（5）研究报告中是否明确包含或提出了研究的伦理问题？还有哪些涉及研究理论的问题被忽略了？

第九章

提出研究报告或撰写论文

>>>

一、学术论文的撰写
二、定性研究报告或论文的写作目的
三、定性研究报告或论文的写作

一、学术论文的撰写

1. 意义

学术研究,无论是基础研究还是应用研究,无论是定量研究还是定性研究,要达到其发展学科、服务社会的最终目的,都需要将研究的成果与外界进行交流。在实践中,交流的最基本的方式就是撰写研究报告或学术论文。更具体来说,撰写研究报告或论文是研究过程的最后一步。一份清晰的研究报告或论文,可以使读者(大多数情况下是本领域的读者)了解你的研究。同时,由于科学研究的方法是系统的、有规则的,而且具有一定的可重复性,一份清晰的报告或论文可以为以后的研究者提供有价值的参考。

科学研究报告不同于其他任何类型的文章。科学研究回答"什么"的问题,但也必须回答如何"发现"了这个"什么"的问题,这也就是我们经常说的,论点、论据和论证三者的逻辑性结合,才是一项科学研究得以立足的基础,三者缺一不可。对一项研究的评价和考察,也可以从三者的任何一个入手。因此,科学研究的报告或论文不仅要交代研究的结果,还要交代研究的方法和程序。由此可见,撰写研究报告或研究论文,不仅是为了与同行交流,更是研究的立足之本。

2. 基本内容与格式

这一小节所讨论的基本内容与格式,适用于绝大多数学术报告和论文的写作。格式是反映内容的方式,内容才是我们要表达的。但,在科学研究领域,固定的、通用的格式有助于保证内容的清晰和完整,也有助于展示研究的逻辑。因此,科学研究报告和论文必须重视格式。

研究报告和论文实质上就是研究过程的详细描述,也就是说,报告并不能仅限于结论和对结论的讨论。如我们在前面所说的,一项研究是否能够成立,不仅仅在于它的结论是否合理。研究的过程和分析的手段等,都是评价一项研究的重要环节。研究报告和论文就是要对所有这些环节做出说明。可以说,研究报告和论文就是对研究全过程的展示。

(1) 摘要

摘要是论文的概述,但又不是面面俱到的概述。摘要只能简要地介绍所研究的问题和主要论点,一般在200字之内。摘要的写法要开门见山。它的目的是,使读者即使不阅读全文也能了解此研究的主要内容。

摘要页一般还包括关键词。关键词一般三到五个,不宜过多。关键词要能够揭示本研究的主要内容,并给检索文献提供线索。事实上,你的研究就是围绕着这几个关键词进行的。

摘要不是论文的组成部分。摘要页不随正文编页。

(2) 导言(绪论、序言)

正文从导言开始。

导言一般包括以下内容:提出要研究的问题,问题提出的背景,对已有研究(文献)的评价,研究的创新之处,研究方法。

对研究方法的说明要包括:对方法的整体陈述及选择的理由,研究方案,样本的抽取和理由,方案设计中所遇到的问题和解决方法。

(3) 资料描述

资料的描述在定性研究中十分重要。有的定性研究甚至以描述为研究的目的。定性研究资料的主要形式是文字,但也可以有音像和实物。音像和实物资料在研究报告或论文中也要转换成文字。资料的描述要详尽、完整,还要包括对资料搜集过程的描述。

(4) 资料分析

资料分析的撰写同时就是对资料进行整理并进行推理的过程。在撰写这一部分时,应对分析的方法和过程作详细的描述。

(5) 结论与讨论

论文的最后一部分是结论与讨论。

结论部分首先应重述一下本研究所提出的问题,使结论和讨论紧紧地围绕着问题进行。然后,对分析的结果进行总结,并用一两句高度概括的话回答前面所提出的问题。接着,要对回答做进一步的说明,即,展示一些能支持这个总结论的论点。

社会科学的论文仅仅回答了问题还不够,还应该对得出的结论加以讨论。讨论是对研究的进一步思考,如,从研究的结果中能够得出什么推论?结论的理论层面的意义何在?另外,还可以将研究的结果与其他同课题研究进行比较和评价。

讨论部分的最后一项内容,也是不可或缺的内容,就是指出本研究的局限和不足,以及预测未来的研究。局限性并不等于缺点。局限性是指具体的某一次研究中那些不可逾越的主客观障碍。认识到某项研究的局限性,这本身就是科学的、实事求是的态度。这是因为,每一项研究都是在前人研究的基础上进行的,而每一项研究也都有着必然的局限性。指出局限性,就是对今后研究的贡献。事实上,学科和知识的发展就是建立在这样的反复循环的链条基础上的。我们在文献检索和评价中借鉴了他人的研究成果,也应该给今后的研究提供可能的思路。

(6) 参考文献

顾名思义,参考文献就是本文用作参考的文献。但列出参考文献的目的,是为了给他人提供参考。他人再做同类课题的研究时,除了参考你的研究,还可以从你提供的参考文献中获得更多的启发。

与文中的注释不同,参考文献不仅包括你引用过的文献,还可以包括没有引用过,但有参考价值的相关文献。

罗列文献时,应首先分为中文文献和外文文献。还应该进一步分为专著类和论文类。另外,越来越多的互联网文献的出现,可以算做第三类文献。

关于对互联网文献的引用,目前国际上还没有统一的规定。我们知道,互联网作为信息载体,具有其他媒介(如专著和期刊)所没有的特点。其中与文献引用密切相关的,就是其文献(或称信息、资料)的来源复杂多样、良莠不齐——它既包括有实体支持的网上图书和期刊,也有单纯发表在网上未经"守门人"严格把关的"文章",更有纯粹意义上的个人言论。互联网文献资料的另一个特点是其可追溯性不强。

鉴于此,目前国际上通行的意见是,一篇科学研究的论文或报告,不宜以互联网文献资料为主要参考资料。

目前国际上有几种大同小异的通用的参考文献的格式。所有的格式中都要包含作者、文献名、出版者、出版时间和版本的信息。

外文文献的格式在国际上有几种,如 MLA、ALA、Chicago 体例等。不管遵循哪种格式,在具体某一篇论文中格式要保持一致。

中文文献所遵循的格式有中国国家图书馆制订的格式和学报格式等几种。

(7) 附录

附录不是论文的必需内容。

附录可以包含这些材料：由于太详细或太长而不宜放在正文中的表格、访谈记录或提纲、照片、图片，以及其他任何需要补充的材料。

二、定性研究报告或论文的写作目的

上一节我们讨论了研究报告和论文撰写的一般方法。在遵循一般方法的基础上，定性研究报告和论文的撰写还需要考虑其特殊性，即，定性研究结果的表达不依赖数据，而以话语和文字为表达方式。这种方式是定性研究的目的所决定的。具体来说，有以下几种目的。

1. 描述

顾名思义，描述性的报告或论文旨在对研究对象进行"真实"描述（description）和记录，如，对传播活动的形式、内容、场景和情境等的记录。当描述是研究的目的时，要求这种描述尽可能地具体和"原始""客观"，即，只对"事实"做记录，而不掺杂研究者或写作者个人的意见，也不做推论。对传播学定性方法有着重要影响的民俗学研究方法的创始人加芬克认为，人对自己行为的意义的解释和建构往往是非理性的，研究者不应将自己的理性分析强加于原始的资料之上。从这个角度来说，描述性的报告类似于记者的新闻报道。

2. 解读

与单纯的描述性报告不同，以解读（interpretation）为目的的报告或论文旨在对所观察到的原始资料进行选择和整理，并从中获得结论和意义。在报告或论文中可以明显地看到研究者的存在和对研究过程的参与。研究者会明确地承认，他所报告或论述的，不是纯客观的"事实"或"原始资料"，而是经过加工（选择、提炼、重组）的产物。在这样的报告或论文中，作者会有意识地交代研究过程中出现的问题和特定的情境，以及研究的局限。

许多研究方法理论家认为，解读应该是定性研究的最主要目的。他们认为,定性研究就是通过解读所观察到的资料,来重新建构自然环境下的传播行为的意义。解读就是研究者和被研究对象(资料)之间的互动过程。

那么,解读的过程是什么呢?

首先,解读是一个做决定的过程。面对大量的、碎片式的原始资料,研究者必须决定如何对它们进行评价、筛选、过滤、简化、排序。

第二,对资料解读的关键是情境化或有条件化,也就是将资料放到彼时彼地的实际(文化的实际、历史的实际,等)中去考察。

3. 解释

解释(explanation)的目的在这里的意思是,研究者试图以报告或论文的方式去发现和讨论所研究现象的一般规律性,也就是我们常说的,通过特殊看到一般。从这个意义上讲,以解释为目的的定性研究与定量研究有相同之处。定性的解释性研究认为,资料搜集、分析和理论建构是一个互相交叉和往复的过程。定性的解释性研究从一个个案出发,去发现规律,以发展或建立理论,而不是从理论或假设出发,去用资料证实或证伪假设。

另外,与解读研究的目的不同的是,解释性报告和论文的落脚点是理论层面上的、带有普遍规律的解释,而非对个案的解读,尽管其解释是以对个案的解读为起点的。

4. 评价

以评价(criticism)为目的的报告或论文,其落脚点是价值判断。如果说解读和解释的目的是"什么""怎么"和"为什么"的话,那么,评价性报告和论文的目的就是"是"或"非","好"或"坏"。

在以评价为目的的报告或论文中,研究者针对所研究的传播现象,提出一个核心的价值判断。这个价值判断可以在具体的媒介产品的层面上,也可以在生产这个产品的制度层面上,如一个具体的媒介机构,甚至还可以在一个社会的制度层面上。

以评价为目的的定性传播研究有两个走向:

一是意识形态批评,一是文学或美学批评。

以意识形态批评为目的的研究,如文化批评或政治经济学方法,从研究者已有的意识形态立场出发,对传播现象进行考察和批评。

以文学或美学批评为走向的评价,以具体的媒介产品,如一部电影、一本书或一篇新闻报道为研究对象,对它的艺术、美学或表达手法以至效果进行"质量"评价。

需要指出的是,以文学或美学批评为走向的研究报告或论文,不可避免地是建立在某种价值观或意识形态的前提之下的。也就是说,文学和美学的批评标准与意识形态是不可分割的。如我们可能会从女性主义的视角对某一部电视剧进行文本分析,研究它的表达手法,而女性主义的美学标准无疑具有强烈的意识形态色彩。

三、定性研究报告或论文的写作

撰写定性研究报告或论文,每一个作者都要面对以下三方面的问题:

1. 用什么样的表达方式?
2. 什么是立论的基点?
3. 什么是立论的语境?

1. 表达方式

我们在第二章里讨论过定性研究的特性。由于定性研究与研究对象的密切互动和体验式资料搜集方法,定性研究报告和论文的最佳表达方式应是叙述式的。

具体来说,叙述式论文又包括下面几种类型:

(1) 客观叙述:这种叙述应该是纪录片式的风格,它有尽可能详尽的细节,从被研究者的角度出发,对事实进行直接、实事求是的叙述。

(2) 主观叙述:这种叙述明显地包含了研究者的视角,如,研究者对研究方法的选择的思考,对研究现象的解读或解释,研究中所遇到的问题及如何解决等等。主观叙述的视角较典型地体现了定性研究中研究者与被研究对象之间的体验式互动关系。

(3) 批评式叙述:在这种叙述中,作者首先提出一个需要讨论的问题,然后就这个问题提出自己的论点,或提出解决的方案。

联系到前面我们谈到的定性研究报告或论文的写作目的,可以看到,不同的写作目的应该选用不同的表达方式。以描述为目的的写作,可以采用客观叙述的方式;以解读或解释为目的的写作,要采用主观叙述的方式;而以评价或行动为目的的写作,则应采用批评式的叙述。

2. 什么是立论的基点?

与一般类型的文章不同,学术报告或论文的最终目的是要陈述发现、表达观点。一篇论文如何说服读者,是能否达到目的的关键。那么,作者靠什么说服读者?你的描述是否真实可靠?你的解释是否有道理?你的论点是否正确?

一篇有说服力的研究报告或论文,一定是很好地立足在某些基点之上的。这些基点有:论据的可靠性,论说的逻辑性,作者的权威性和魅力。在多数情况下,一篇报告或论文应该立足于三者的结合点上。但在写作中,作者可以有意识地选择一个突出的立足点。

(1) 论据的可靠性

作为实证研究,论据可靠是其题中应有之意。但在以描述为目的的研究中,论据,或者说对论据的展示就是论文的立足之本了。

与定量研究不同,定性研究的论据(资料)是以话语的形式展现的。具体来说,在以论据取胜的论文中,对论据的展现要十分充分、翔实和具体。这包括对论据来源的交代,对细节、研究情境的描述和对引语的使用等。论据的可靠要在论文中有明确的表现。从结构上来说,要在有关研究方法的章节中对这些做出详细交代,如,选取样本的理由和具体方式、整理及处理原始资料的方式和理由、对资料获取工具的选择等。

(2) 论说的逻辑性

论说的逻辑分为内在逻辑和外在逻辑。外在逻辑指的是论文结构的安排,或者我们通常所说的谋篇布局。有逻辑的谋篇布局体现了论文的整体思路,而有条理、合逻辑的思路是使论文具有说服力的保证。上一节中我们所介绍的论文基本内容和结构,就是学术论文所要遵循的一般逻辑的外在体现。

外在的逻辑体现在结构上,有这样几种形式:

1) 并列式,即:同一层级的标题(论点)之间呈并列关系,从不同的侧面或时间段说明了一个共同的、高一层级的论点。如，我们要论述媒介新技术的发展对人们生活方式的改变，可以从家庭生活、工作方式、消费方式等方面去说明；也可以将生活方式的改变分为时间段（各种媒介新技术出现的时间）来论述。并列式结构的逻辑是：在主标题和小标题之间存在着从属关系；而一个主标题下的若干小标题之间则应是并列关系。低层级标题的外延之和要等于高层级标题的外延，不能大于，也不能小于。

2）递进式，即：论述或由浅入深，由表及里，或深入浅出，呈层层递进关系。后一个层次是对前一个层次的深入说明、发展和深化。

3）混合式，是上面两种方式的混合、交叉。事实上，在一篇有分量的学术论文中，为了充分表达论点，经常出现的是并列和递进式的混合运用。如，在高一层级的论点之间是递进关系，而在每一个大论点之下，又有并列的若干论点。

论说的内在逻辑则是对论点和论据之间的关系处理，也就是说，论证的过程要有逻辑性，论证要遵循正确、完整的推理形式。

论证的一般方法有归纳推理、演绎推理、类比推理等。我们在讨论定性研究的特点时指出，定性研究的逻辑是归纳的，即，从一个个案中发现一些规律。这是指定性研究的总体逻辑。但这并不妨碍在具体的某一项研究报告或论文的论证过程中，也应用演绎推理以及其他的推理形式。

除此之外，论证中还可以运用的方法有类比法、反证法、排除法、因果分析方法等。[①]

（3）作者的权威性

作者的权威性也是论文立足的重要基点之一。一个本领域资深的、受尊敬的作者的论述，必然具有他人所不具备的说服力。学术的权威性，应该建立在其先前所取得的成就之上。当然，这并不是说，后来者就永远处于没有权威的地位。权威的获得需要借助于研究报告或论文所展示出来的令人信服的、雄辩的魅力。

3. 什么是立论的语境？

语境在这里指的是某一研究现象所发生的情境在论文中的体现。定性

[①] 任鹰.文科论文写作概要.北京：北京大学出版社，1991.

研究认为，具体的行为和文本只有在所发生的具体情境中才有意义。如，一位母亲从正在看录像的儿子手里夺过了遥控器。我们如何解释这个行为？只有将它放到所发生的情境中去才能解释。一种情境是，这位母亲下班回来，一进门，就夺过遥控器，调到自己喜欢的频道。对这种行为的解释可能是，这是一位粗暴又自私的母亲，在对儿子行使"强权"。另一种情境是，母亲告诉儿子，要先完成作业再看电视，说了几遍儿子都置若罔闻。母亲没有办法了，只好夺过遥控器。这个行为就可能被解释成她为了儿子而采取的强制性管制行为。

以上的例子说明，定性研究必须首先明确被研究对象的整体面貌，才可能解释整体中的具体部分。在报告或论文的写作中，必须对这个整体或情境有所交代，以支持得出的结论。

4. 是否有对研究过程的反思？

定性研究的本质是参与式的。研究者不能完全置身于被研究对象之外。研究者的立场、观点和价值观影响了从选题到样本的选择，从搜集资料的方法的选择到执行，以至到对资料的分析和研究的各个环节。另外，与定量研究相比，定性研究方法具有很大的灵活性，研究者在研究过程中需要根据实际情况不断地调整研究方案。

对研究过程的反思可以通过以下三种方式来表达：

（1）反映出研究的详细过程。如场景、情境、资料搜集的细节和问题、研究者介入研究过程的程度。也就是说，要交代研究者是如何、在哪里做出了什么样的决定，决定的根据和过程是什么。

（2）对研究方法的反思。我们知道，任何一种研究方法都存在着局限性。是否承认方法的局限性，并由此指出结论的局限性，也是定性研究有别于定量研究的一个方面。

（3）最后，报告和论文还应该承认研究者的主观因素甚至偏见不可避免，以及承认这些因素对研究具有影响。

第十章
定性方法的法律和伦理问题

一、研究方法伦理问题的重要性
二、定性研究中的法律和伦理问题
三、冲突、困境与解决

一、研究方法伦理问题的重要性

社会科学研究的目的是发现真理、解释社会。社会科学研究不可避免地要考虑研究过程和结果对人和社会的影响。无论是定量研究还是定性研究，都要重视研究所涉及的道德、伦理甚至法律问题。

与定量研究方法相比，对法律和伦理问题的考量对定性研究来说更为重要。我们知道，在定性研究的范式中，现实被认为是主观的、多面的；在研究过程中，研究者和被研究者是互动关系，研究者通过体验和参与去感知和解释被研究者的世界。也就是说，定性研究的大部分方法，要求研究者去"接近""打搅"或"参与"被研究对象的真实生活，不管这种生活是谈话、日常活动还是特殊的事件和场合。有些活动还涉及"隐私"。因此，无论在保证研究顺利进行的层面，还是在尊重研究对象的伦理层面，甚至在涉及侵犯"隐私权"的法律层面，了解和遵循有关的法律和伦理规范都是非常重要的。

二、定性研究中的法律和伦理问题

1. 知情同意原则

在第五章资料搜集准备的讨论中，我们已经谈到了"知情同意"（informed content）原则。所谓知情同意原则，指的是应该告知被研究对象：

- 他们是在参加研究；
- 研究的目的；
- 研究的过程；
- 他们是自愿参加的；
- 他们可以随时退出研究。

从被研究者的角度来说，他们有权提出下列具体问题：

(1) 研究的题目是什么？要问什么主要问题？研究项目是为谁或什么组织做的？
(2) 怎样获取资料？
(3) 都有谁（还有谁）参加这项研究？
(4) 如何保护被研究者的隐私？
(5) 被研究者能够获知或分享研究结果吗？

只有被研究者了解了并同意以上的内容，研究才能继续进行。有时，需要让他们签署一份知情同意书。

2. 收益、成本和互惠

在一项研究中，研究者与被研究者双方各自能从研究中获得了什么？他们各自在时间、精力和财力方面要付出多少？这些问题也与研究的伦理有关。不言而喻，双方在这些方面并不是平等的。

研究者做研究通常是有财力支持的；他们喜欢自己的工作，有成就感，研究对他们而言是一个学习的过程。他们的研究成果一般会以论文或报告的形式发表或上交。除了对学科的贡献外，研究者个人也能从成果中获得名声，或者得到职务晋升、新的研究经费等实惠。总的来说，研究是因他们的需要而做的，他们的收获大于付出。

而被研究者虽然在某种程度上也是研究的参与者，却有着完全不同的"收支"状况。他们可能因某项研究而获得"倾吐"或"被倾听"的机会；他们也可能因为研究成果的发表而"出名"；他们也从研究的过程中得到了一定的知识和见识；如果某项研究是涉及政府或组织的政策，他们可能会因研究成果带来的政策方面的改善而获益。这些收获是无法衡量的、非物质的、不确定的和远期的。而他们付出的时间、精力一般是没有回报或少有回报的。他们的日常生活和活动会因研究而被打断或打扰。他们要暴露个人信息甚至隐私。他们的付出是可以衡量的、确定的、当下的、物质的。对于普通人来说，他们的付出大于收获。

3. 隐私、保密与匿名

研究在多大程度上介入了研究对象不愿被介入的那部分生活？如何保

护所获取的资料？被研究对象的身份或所属单位是否很容易就被辨认出来？这些有关隐私、保密和匿名方面的问题也是定性研究需要考虑的。

隐私、保密和匿名是三个互相关联而又不同的概念。

(1) 隐私与隐私权。我国《现代汉语词典》对隐私的定义是"不愿告人的或不愿公开的个人的事"①。王利明认为，"隐私乃是一种与公共利益、群体利益无关的，当事人不愿意他人干涉的个人私事和当事人不愿他人侵入或他人不便侵入的个人领域"②。隐私权则指自然人所享有的对其个人的、与公共利益无关的个人信息、私人活动和私有领域进行支配的一种权利。对隐私权的保护是指能控制他人接近那些与己相关的个人信息；能保证不给出受保护的信息，能不接受不愿接受的信息。隐私还可以分为：信息隐私，指的是有关个人的数据资料，如信用、医疗记录等；身体隐私；通讯隐私，如个人信件、电子邮件等；领地隐私，如个人的房产地等。③

目前，隐私权在我国法律中尚未作为独立条款提出，而是将其纳入名誉权的范畴。我国宪法和相关法律法规，如《治安管理处罚法》《政务信息公开条例》《最高人民法院关于确定民事侵权精神损害赔偿责任若干问题的解释》《最高人民法院关于审理名誉权案件若干问题的解答》等，均明确提出保护公民隐私。④

现代社会中，国家活动频繁并日趋复杂，行政当局所收集、储蓄的个人信息在大幅度增加。此外，民间企业及各种社会组织也储存了大量个人信息。在许多国家，人们已经在认真考虑如何保护自己的信息不被他人利用，从而维护自己的幸福。如何保护个人隐私和个人数据不被泄露、不被非法利用，已经成为各国人权组织、法学家关心的重要课题。⑤

国际社会严格保护隐私权。美国的《个人隐私权法》《隐私权法案》《隐私权保护法案》等对隐私权都有所规定；美国医院协会的《病人权利典章》还专门规定了病人的隐私权：病人在治疗过程中有权要求对隐私加以关注和

---

① 中国社会科学院语言研究所词典编辑室编.现代汉语词典.北京：商务印书馆，2002：1506.

② 王利明.人格权法与新闻侵权.北京：中国方正出版社，2001：415.

③ http://www.gilc.org/privacy/survey/intro.html#defining

④ 《中华人民共和国宪法》第三十八条，《最高人民法院关于确定民事侵权精神损害赔偿责任若干问题的解释》第一条等。

⑤ 刘迪.现代西方新闻法制概述.北京：中国法制出版社，1998：120.

保护,对病历研讨、会诊、检查,医院应谨慎处理;与病人治疗无直接关系的人员只有征得患者同意才能在场;对与治疗相关的所有病历材料、记录资料,医院不能对外宣扬等。

(2) 保密。在个人与个人、组织与个人或组织与组织之间就如何处理所获取的信息达成的协议,可以包括法律限制。

(3) 匿名。不出现主体的身份,以及隐含提供信息的个人或组织的身份。[1]

在三者之中,对隐私权的保护在实践中比较难把握。一方面,被研究者有时并不清楚什么是自己的隐私,以及该如何保护自己的隐私权。有些人甚至直到侵权行为对自己产生了伤害才有所察觉。另一方面,被研究对象的"隐私"可能正是研究者所要探求的"信息",因此研究者为了获取信息往往容易忽略、"牺牲",甚至刻意地侵犯被研究者的隐私权。

而保密和匿名原则则比较具体,也容易遵守。在研究开始前,研究者一般会就这两项原则向被研究者做出承诺。但是,在匿名原则中,有不出现隐含个人或组织身份的信息的规定。这是比较容易忽略的。如,你的采访对象是一位女性大学校长,而众所周知,在你的研究区域中(如一个城市)只有一位女校长,则这位女校长的身份就不是匿名的了,尽管研究并未直接透露她的姓名和单位。此时,由于匿名原则,就应该隐去她的性别。如果性别与所研究的问题紧密相关,则应隐去她的学校所归属的地区的名称。

4. 公正合理原则

李晓凤等提出定性研究伦理问题的另一个原则,即公正合理原则。公正合理原则指研究者按照一定的道德原则"公正"地对待被研究者以及所搜集的资料,"合理"地处理自己与被研究者的关系以及自己的研究结果。公正地对待被研究者,涉及如何评估和评价被研究者、研究的结果是否会影响被研究者的生存状态、研究是否不适当地"干预"了被研究者、研究的结果是否会被其他机构和人利用等。

---

[1] Sieber, J. E. Planning ethically responsible research: A guide for students and internal review boards. Applied Social Research Methods Series, Vol. 31. Newbury Park, CA: Sage, 1992: 18.

公正合理原则还涉及如何处理冲突。如,研究者对研究结果的解释与被研究者的认识不一致,由此使被研究者产生了对立或被利用了的情绪。研究者应该充分考虑被研究者的感觉,在可能的情况下对研究结果的表达做出修改。此外,研究者对研究资助者的作用也应该给予充分和恰当的肯定。

由于定性研究的高度参与性和现场性,公正合理原则还包括如何结束与被研究者之间的关系的问题,即,在什么时候、什么情况下,以什么方式离开研究现场和被研究者。一般来说,要逐步地离开现场,要提前告诉有关人员离开的时间。离开之后,要努力与被研究者保持联系,这不但是出于对被研究者的尊重,也是为了给可能出现的后续研究做准备。如果许诺过将研究结果交由被研究者审查或分享,那么就一定要兑现。[①]

三、冲突、困境与解决

1. 冲突与困境

研究中的法律和伦理问题还包括资料的所有权、对研究对象的侵害与风险的承担等。作为研究者,面对这些研究中的法律和伦理问题,我们该如何选择？我们知道,法律和伦理对行为的限制并不在一个层面上。法律和法规是强制性的,而伦理是约束性的,大体要靠行为主体人自我约束,有时以行业行为准则为处罚的底线。对伦理原则的掌握,在很大程度上还要取决于研究者的整体价值观。

在许多情况下,研究者会面临冲突与选择的困境。有这样一个例子。一位记者去采访一条街道。街道上有一个大大的深沟。有人提供线索说,一到下雨天,沟里就灌满了积水,骑自行车的人看不清,就会连人带车翻到深沟里。这位记者就去现场采访,守株待兔,拍下了一幅骑车人翻到沟里的宝贵"实时照"。当然,记者的本意是通过这幅照片唤起人们对问题的注意,特别是要批评政府对公共道路安全隐患的忽视。但这幅新闻照发表后,在

[①] 李晓凤,佘双好编著.质性研究方法.武汉：武汉大学出版社,2006:37—39.

全国范围内引起了争论。反对的意见认为,记者的行为是不道德的,因为他为了拍到照片而眼看着行人往沟里翻。这个批评暗含的逻辑是,伦理的原则应该高于职业的需要。类似的选择还有,在事故或战场观察或采访中,面对伤者,是恪守本职、继续观察或拍摄,还是首先抢救伤员等等。

2. 原则

有学者提出了解决研究伦理冲突时的几项原则:
(1)获益:对科学研究、研究参与者的利益的最大化;无必要的损害、风险或错误的最小化;
(2)尊重:保护人的匿名权,尊重人的人格;不强迫、利用被研究对象。
(3)公正:执行理性的、谨慎制定的研究程序,包括经济补偿。[①]
本书的附录中列有更详细的关于研究伦理的讨论。

3. 化解研究伦理冲突的具体方法

(1)法律意识和研究伦理意识:了解有关的法律和行业规范,特别要明确不可逾越的底线,了解已有的研究所积累下来的处理法律伦理问题的经验和教训。
(2)预期:将可能遇到的问题纳入研究计划中,制定应对方案。
(3)协议:就有关问题与被研究对象事先达成明确文字协议,并贯彻始终。
(4)记录:完整的记录可以在很大程度上避免事后的纠纷。
(5)及时的反思和修正:在研究的过程中,进行阶段性或及时的检视,或与研究对象共同修正已经达成的协议。

---

① Miles, Matthew B. & A. Michael Huberman. Qualitative Date Analysis, 2nd edition. Thousand Oaks: Sage, 1994: 289.

附录一
社会科学研究者的综合道德准则[①]

---

① Reinard, John C. Introduction to Communication Research, 3rd edition. Boston: McGraw-Hill, 2000: 16—19.

原　　则

与道德准则相关的一般问题

1. 主持研究项目的社会科学家应对与项目有关的所有程序和道德问题上的决定负完全责任，无论这些决定是由自己还是下属做出的(7)①。

2. 教师必须对学生在研究中所做的一切有关道德问题的决定负责(1)。

3. 所有研究行为应符合机构所在地和主办单位所在社区的道德标准(1)。

4. 道德问题应从参与者所属社会团体的视角进行考虑(2)。

5. 一旦出现了棘手的道德两难局面，应向同事或适合的专业协会资助委员会求教并寻求帮助(2)。

6. 所有与已建立的原则相背离的行为都表明：(a)调查者须承担更大的责任；(b)除了商讨和建议，应承担更大的义务；(c)需在更大程度上确保研究参与者的权益(2)。

研究行为的决定

7. 研究行为应保持研究计划的完整，而不减少未来进行研究的可能性(3)。

8. 研究者应运用最科学的判断来选择实证的调查问题(1)。

9. 实施以人为对象的调查决定时，应对参与者及社会可能带来的风险及益处进行评估，即进行利害分析(2)。

10. 所有以人为对象的研究行为必须与一个重要的思维性问题相连(4)。

11. 所有以人为对象的研究行为必须与一个对人类有意义的学术问题或知识性问题相关，而且这是唯一的研究途径(2)。

12. 如果一项研究有可能对参与者形成永久的负面影响，这项研究必须与一个对人类有意义的学术问题或知识性问题相关(2)。

---

① 圆括号中的数字代表道德准则中该条款的编号。

13. 所有既可能有效果但又可能有风险的研究必须理所当然地告知客户或患者(2)。

14. 不应有任何前提的理由去相信此研究将会对参与者造成永久性的负面影响(1)。

15. 如果研究行为可能永久性地损害参与者、其团体或其团体中的机构(如当地的社会科学家),研究就有可能被论证为是不合理的而应被放弃(2)。

研究行为

16. 所有研究都应被尽力、客观、科学地完成(4)。

17. 所有的研究人员都应有能力实施计划中的各项程序(7)。

18. 如果涉及药物,必须有可用的称职人员和适当的设备(4)。

19. 研究设计、执行或报告中不应有任何偏见,应尽可能地客观(4)。

对参与者的影响及与其关系

知情同意书

一般问题

20. 所有研究在选择参与者时,均应使用知情同意书。研究者必须尊重所有与此条相关的协定(10)。

21. 参与者或应对参与者负责的人应该提交知情同意书(2)。

22. 当对参与者的影响较可疑或可能有危险时,应使用知情同意书(7)。

23. 知情同意书应尽可能地以书面形式给出(1)。

24. 需使用政府数据时,无论研究者以何种渠道获取这些数据,都应该寻求官方允许(1)。

信息提供

25. 研究目的、研究程序和研究风险(包括可能造成的对人身心的伤害及社会评价的降低)都应以参与者可以理解的方式予以解释(7)。

26. 在决定参与前,参与者应意识到此研究对其所属之群体或社会可能带来的结果(1)。

27. 应向参与者描述获取参与者姓名的过程(1)。

28. 应对可能的参与者特别说明赞助、拨款等情况(2)。

29. 应对可能的参与者毫无保留地展示研究者的身份(2)。

30. 研究人员应把姓名和地址留给参与者,以便他们能对研究人员进行后续追究(1)。

31. 参与者应充分了解所有的信息收集手段(磁带、录像、照片设备和心理测量等)、这些手段的性能、数据的保密以及在何种程度上参与者的匿名可以有所保证(2)。

32. 当项目持续时间很长时,每隔一段时间,研究者应将研究进展告知参与者(1)。

33. 若拍摄、记录了影片,受试者应有权决定自己是否同意公开这些材料(观看资料或对每段进行特别授权),也有权决定观众的性质(1)。

自愿同意

34. 个人可以拒绝参与并且知道他们有此项权利(1)。

35. 参与者应能够在任何时候退出并且知道他们有此权利(3)。

36. 不得公然胁迫个人参与某个研究项目(6)。

参与者的权益与福利保护

一般问题

37. 应尊重和保护参与者的尊严、隐私及利益(8)。

38. 不应伤害参与者,应首先考虑参与者的权益(10)。

39. 参与者所遭受的伤害和痛苦应尽快通过程序性机制和终止有危险的研究而减到最小,对参与者有害的研究只有在别无他法解决问题时才可允许(8)。

40. 无论产生问题的可能性有多微小,都应先预防可能产生的问题,以保证预料之外的问题不会对参与者造成严重的负面影响(1)。

41. 应消除任何有害的后遗症(4)。

42. 不应引起可能参与者的希望或忧虑(1)。

43. 如果对参与者产生危险,应终止研究(3)。

44. 只有当能为患者谋取直接好处时,才能利用那些寻求专业帮助的患者进行研究(1)。

隐瞒

45. 只有在完全必要、别无他法时才可以向参与者隐瞒事实(3)。

46. 必要时可以使用隐瞒的方式(1)。

47. 如果在研究步骤中涉及隐瞒,应进行额外的防范以保护参与者的权益(2)。

48. 在进行使用隐瞒手段的研究之后,应对所有的参与者彻底、全面而诚实地描述该研究,并解释隐瞒的必要性(5)。

49. 如果出于人道的或科学的原因,隐瞒行为没有揭示给参与者,那么调查者对保护参与者的权益负有特殊的义务(1)。

保密和匿名

50. 研究数据应该保密,所有参与者应保持匿名,除非参与者(或其法定监护人)允许公布自己的身份(15)。

51. 如果不能保密或匿名,参与者应在涉入研究前知晓此情况及其可能产生的后果(4)。

52. 公职人员(参加研究)应对其职务、职责等(这些不必被视为机密信息)提供书面陈述并获得一份最终的研究报告(1)。

53. 计划对集群或集体进行描述的研究应始终保证个体受试者的匿名性(1)。

54. 应始终从参与者和参与者所属文化的角度出发考虑"隐私"(1)。

55. 数据库中存储的材料未经最初进行数据采集的调查者允许,不得使用(1)。

56. 如果承诺保密,调查者无须保留有关参与者或组织不当行为的信息(1)。

57. 为保证参与者的匿名性,应实施组织数据的特殊程序(1)。

对参与者的好处

58. 应对参与者的所有配合给予适当的回报(1)。

59. 参与者通过研究增强了其自我认知度,这个因素应该作为研究设计和程序的主要内容来考虑(1)。

60. 应把研究的副本或解释提供给所有参与者(2)。

61. 对群体或文化亚群体进行研究时,应该使他们获得有益的知识(1)。

对集体或社群影响

62. 调查者应熟悉并尊重研究所在地的文化(1)。

63. 调查者应与所研究的社会的成员进行合作(1)。

64. 调查者应提前考虑研究对所在社区的社会结构、群体和个人可能产生的影响(1)。

对研究结果的解读和报告

65. 调查者应提前考虑研究和报告对选拔出参与者的民族或亚群体可能产生的影响(1)。

66. 参与者应提前知晓研究对他们所代表的集体或文化亚群体可能产生的影响(1)。

67. 调查者应考虑总体利益和各种社会系统的利益(1)。

68. 所有研究报告应是所有人可以自由获取的公开文献(4)。

69. 报告中应充分而准确地描述研究程序,包括为假说提供了任何支持的所有证据;结论应客观无偏见(14)。

70. 在研究报告写作中,应对所有数据进行详尽而完全的解读,并努力防止误读(6)。

71. 在所有出版附件中,应明确注明提供经费支持的赞助者、目的和来源以及研究负责人(3)。

72. 如果出版可能会危及或损害被研究对象,且不可能完全避免,那么出版应延迟(2)。

73. 跨文化研究除了以其他语种在其他社群中发表,也应以被研究社群的语言在该社群的期刊上发表(2)。

74. 应给予所有对研究作出贡献的参与者以恰当的荣誉(9)。

75. 应能完全准确地显示所有与工作有关的或有贡献的已发表的信息来源(8)。

76. 在所发表的有关文化亚群体的研究报告中应包含有能被参与者理解的描述(2)。

77．未加工的数据或其他原始文件都应提供给具有资格的研究者,无论他们何时提出要求(1)。

78．除非研究或分析质量不合格,所有具有科学价值的研究都应公开出版并向公众报告(1)。

附录二

美国舆论研究协会职业伦理与实践准则

I 业务专业实践原则

A 对数据的采集和处理应谨慎小心，采取合理的步骤以保证结果的准确性。

B 在进行研究设计和数据分析时应谨慎小心。

1. 应以我们专业的判断，仅仅推荐和运用那些适合于待研究问题的研究工具和分析方法。
2. 不应选择可能产生误导性结论的研究工具和方法。
3. 不应故意或允许对研究结果进行与可用数据不一致的解读。
4. 不应故意暗示解读的信度比数据的信度高。

C 在所有的研究报告中，应准确地描述研究发现与方法，并适当给出详细解释。

II 处理人际关系的职业责任原则

A 对公众

1. 应通过描述研究中的使用方法，与合法的公众代表合作。
2. 当发觉公众严重曲解研究时，应公开透露如何纠正这些曲解。

B 对客户和赞助者

1. 当为个人客户进行工作时，应对所有获得的关于客户商业活动的信息及对其做出的研究发现等私人信息恪守机密，信息非经客户明确授权或不在本准则 II 条 A 款第 2 点的条件下，不得公开发布。
2. 应考虑技术和设备的局限，并只接受在此局限下自己能够胜任的研究任务。

C 对业界

1. 不得以引述协会成员对自己的评价作为自己专业能力的证据，因为协会并不为任何人或任何组织提供证明。
2. 我们应认清自己对舆论学研究应有的贡献与责任，并尽可能自由地传播我们在研究中所得出的观点和发现。

D 对受试者

1. 不得为了调查而欺骗受试者,或者使用任何手段和方法虐待、胁迫或侮辱他们。

2. 除非受试者因特殊用途而放弃保密,研究者应对所有可能从其他受试者中识别出某人的信息保密。不得为了非研究的目的透露受试者的姓名。[1]

---

[1] American Association of Public Opinion Research Code of Professional Ethics and Practices in Wimmer, R. D., & Dominick, J. R. Mass Media Research: An Introduction, 5th ed. Belmont, CA: Wadsworth, 1997: 354—355.

附录三

研究案例
>>>

案例一

电视下乡：社会转型期大众媒介与少数民族社区
——独龙江个案的民族之志阐释

[这一案例引自云南大学郭建斌教授2003年在复旦大学撰写的博士论文。郭建斌博士运用民族志这一人类学研究方法对中国社会转型期大众传播媒介在少数民族地区所扮演的角色进行了深入的分析，这一研究可以说是国内运用民族志方法进行传播学研究的一个范例。本书选编了该论文与研究方法有关的部分，方括号中的省略号，表示原文的省略；方括号中的文字为本书作者所加。]

一、研 究 问 题

[……]

凭借以往有限的研究经验，我把目光投向了感觉中值得关注的农村地区，一个与其他农村社区相比有着许许多多特别之处的社区——独龙江；出于对自己所接触到的极为有限的传播学研究内容与方法的无知的反叛，我选择了一个不同于当下国内传播学研究主流的"另类"方向与方法——乡村社会传播与民族志田野调查的方法。[……]

田野调查所收集的资料是十分庞杂的，几乎涉及了当地社会中每个层面的问题。在所有收集到的材料中，与现代传播媒介（主要是电视）在当地社会中的使用相关的资料是最为详尽的。在研究过程中，这方面的内容虽然并未转换成具体的问题，但却得到了研究者的重点关注。我首先把目光从庞杂的资料中收缩回来，就这篇文章的写作而言，我觉得可以从这个方面入手。但这也只是确定了一个从哪里下手的问题，而从这里下手要干什么的问题，同样没有得到回答。这时，我不得不对这样一些更为根本的问题进行追问：电视是什么？电视是怎样进入这一地区的？当地人怎样看电视？电视的到来给这一地区带来了什么样的变化？……所有这些问题，都可归

结为一个核心的问题,那就是:大众传播媒介在这样一个少数民族社区中扮演着什么样的角色?[……]

[……]

这样一个提问,不是要回答一个具有普遍意义的问题,但也并不是说超出了这一社区之外这样的问题就无法理解。这是一个普适性与特殊性的问题。由于我所选择的研究地点具有诸多的特殊性,从这样一个特殊地区获得的研究结论很难推及一般意义的层面。撇开我所选择的研究地点的诸多特殊性不说,它是一个少数民族聚居地,居住在这一社区里的人们有着自己的语言、信仰、社会结构与组织方式;地处边疆,历史上受中原文化的影响较弱,在新中国成立以后发生了社会形态的突变;目前的生产力发展水平还十分低下;以电视为主的传播媒介在政策机制和市场机制的作用下已经进入了这一地区,并促使当地的人文环境(或者说文化生态)不断发生变化。从这样的角度来看,这一个案研究提出的大众传媒在少数民族社区所扮演的角色问题就不仅仅是只对独龙江这样一个少数民族社区有用,它应该对中华民族"多元一体"格局下的众多与独龙江有着大致相同情况的少数民族乡村都具有意义。至少在中国西部(特别是西南部)的很多少数民族地区,大众传播媒介都扮演着大致相同的角色。从另外一个角度上来说,大众传播媒介和少数民族社区之间存在着一种文化的交流与碰撞的问题,而在全球化背景下,类似的现代传媒文化与地域文化的交流与碰撞的问题是学界近些年颇为关注的焦点问题之一。我不敢说我围绕这一个案所提供的分析能够涵盖这一宏大问题的所有方面,但是我想,我对这一个案的解释也很难不与这样一个宏大的问题发生关系。[……]

二、研究地点

[……]

在大众传媒在少数民族社区所扮演的角色问题上,我为什么要选择独龙江作为研究的个案呢?我想可以列出这样几条:

(1) 大众传媒在少数民族社区所扮演的角色问题应该能在很多的少数民族社区(有一个前提是大众传媒已经进入)得到有效的解读。既然如此,我选择独龙江作为研究的地点应该也不会受到太多的质疑。因为独龙江具有少数民族社区最一般的特征。

（2）与一般的少数民族社区相比，独龙江的确有着许多特殊之处，如区位偏僻，经济上极端贫困，长期处于半封闭状态，等等。但是我认为所有这些特殊性并不足以否认它作为我回答这样一个问题的合理性。这样的社区在中国的西南乃至西北的少数民族地区绝非仅有。另外，独龙江这一少数民族社区的一些特殊之处反而更显出了在这一社区进行研究的意义与价值。从民族称谓所代表的民族来看，独龙江代表了一个民族，是中国独龙族唯一的聚居地；从文化的角度来考察，独龙江社区是真正的独龙族传统文化的唯一家园。

（3）尽管到目前为止大众传播媒介的数量在独龙江地区还十分有限，但是自从新中国成立后，收音机、报纸、录像、电视等大众传播媒介已经先后深入到了这一地区，并在不同的阶段、不同的场合中扮演着不同的社会角色。独龙江一定有着与其他一般乡村社会大致相似的经历。

（4）独龙族有着自成体系的文化系统，在突然面对由大众传媒带来的无论是在质的方面还是在表现形式上完全不同的媒介文化的强势介入时必定会出现很多新问题，因此这一研究具有很多的民族文化（或地域文化）面对传媒文化时或冲突或融合的一般性意义。因此，独龙江作为个案研究所选择的地点不应该受到更多的追问。

另外，我也可以为自己的工作寻找到更冠冕堂皇的理由，如果不太过分的话，我也把它列为两条。即：

（5）独龙江地区的电视传播问题涉及一个跨文化交流的问题。我们在谈论跨文化传播的问题时，习惯于把眼光停留在国家概念下的民族之间（如中华民族与美利坚民族），而很少讨论一个统一的多民族国家内部的文化交流问题，这也是跨文化的范畴。国外研究中并不乏这方面的先例。

（6）民族问题、种族问题是现代国际社会不稳定的重要根源，导致这种群体冲突的原因除了经济、政治等因素外，来自于文化方面的冲突也是一个重要原因。并且，从最根本的意义上来说，这种冲突"最主要的问题是一个对立的传统习惯问题"[①]。我们不应该因为这是一个不会给政府带来任何麻烦的民族，就忽视了对她的研究关注，忽视了她的价值。

---

① 查尔斯·霍顿·库利.社会过程.洪小良,译.北京：华夏出版社,2000.

三、研究过程

　　1999年的事情我在前面有些交代：我于1999年9月12日出发，徒步三天，15日到巴坡。18日步行一天南下到马库村，19日、20日两天在马库调查了6户人家。21日返回巴坡，22日、23日调查了巴坡村木郎当社的6户人家。24日、25日、26日三天调查了巴坡村孟顶社的6户人家和巴坡完小的两户教师家庭。27日从巴坡步行一天到孔当村，28日调查了孔当村孔当社的3户人家。29日乘贡山县政府派进的专车从孔当回到县城。此次研究采用问卷调查的方式，对所访问的每户人家的各方面的情况以及调查对象本人的个人情况做了详细的记录。我当时的确是完成了既定的研究项目所要求的调研任务，但是在后来整理材料的过程中，总感觉到受时间限制和研究方法相对单一的影响，对这一地区的情况还了解得不够。

　　在独龙江乡政府工作的李金明有个弟弟叫李金荣，他在昆明学习。2001年10月18日，我跟随李金荣去了独龙江。独龙江乡共有6个行政村，孔当村以上的三个行政村我以前两次因为时间有限没有到过。独龙江乡的6个行政村沿江分布，上下不过60公里路（以最北边的行政村村公所至最南边行政村的村公所计算），但各方面的差异却十分明显。我决定先到最北边的迪政当村，然后逐村有选择地进行调查。10月31日，我到了独龙江乡最北边的迪政当村。此次田野工作，其实从我在昆明与李金荣接上线就开始了。先期的工作主要是学习语言，每天把看到、听到、想到、经历到的事情记录下来，生活在这样一个陌生的文化环境中，我觉得记录下这些东西是有意义的。在这个村子里的一个农户家，我一住就是40多天。12月，因为独龙江全乡的基督教信徒集中在巴坡过圣诞节，我徒步三天到了巴坡，参加了信徒们的圣诞节活动。乘此次机会，我在参加完圣诞节活动后到了马库，从南到北对1999年我访问过的所有人家做了回访，同时对各个村的情况做了调查。2002年1月14日，我到了孔当村，在乡政府临时驻地做了短暂的停留，受乡政府领导的邀请参加了独龙江乡政府换届的人民代表大会。1月25日回到了迪政当村，这一去一来近50天。在以后的时间里，我访问了迪政当村所辖的六个村民小组。4月12日，做完计划在迪政当村进行的所有调查以及此间发生的预料之外事情的调查之后，我离开了这个前后住了100多天的迪政当村冷木当社,再次回到乡政府临时驻地孔当村,对政府方面的情况以及农户进行调查访问,并等待时日出山。

在半年的时间里,所有收集材料的工作都是围绕事前制订的计划进行的,对于其间能亲历的场景、仪式,我一个也没有放过,并对这些事情进行了专门的访问。其他调查材料有:对 1999 年访问过的二十余户家庭的回访;对迪政当村所辖的冷木当、迪政当两个村民小组近 60 个家庭的访问;对雄当、向红、布尔、木当、龙元等村民小组中个别家庭的访问;村乡相关统计资料;每天未间断的工作日志 40 余万字。

四、权力的媒介网络

["权力的媒介网络"是全文的核心概念,作者在大量吸收前人研究成果的基础上创造性地提出了这一概念,并以这一概念为核心,建立了分析框架,对所收集到的资料进行了全面而系统的分析。]

"权力的媒介网络"概念中所使用的"权力"一词与杜赞奇先生使用"权力"(power)一词的限定一样,是一个中性的概念,"它指的是个人、群体和组织通过各种手段以获取他人服从的能力"①。至于这里所说的"中性"如何界定,我同样也认同杜赞奇先生在承认从福柯的"权力"概念受到"至深"影响时的"发觉"——"权力并不经常或者必须是压迫性的,它还具有创造性和启发性"②。我在这里所说的"媒介网络",指的是由大众传播媒介(包括报纸、电视、广播、杂志以及音像制品等)所构筑着的一个无形的网络。从某种意义上来看,媒介是有形的,而网络是无形的,因此我觉得这两个表面上有些重叠的词有连在一起使用的必要。[……]

在使用"权力的媒介网络"概念进行分析时,我必须对这一操作性概念本身可能引出的两方面的含义做必要的说明:一是由于政治、经济、文化等原因,对于一个传统的少数民族社区来说,现代传播媒介暗含着或多或少的

---

① 杜赞奇.文化、权力与国家——1900—1942 年的华北农村.王服明,译.南京:江苏人民出版社,1996:4.

② 杜赞奇.文化、权力与国家——1900—1942 年的华北农村.王服明,译.南京:江苏人民出版社,1996:13.

权力色彩;二是由于同样的原因,来自政治、经济、文化的权力以大众传播媒介作为依附并在其中流通。从以上两层"使用意义"来看,前者可以理解为我们以往习惯使用的"媒介权力"(media power)概念所包含的含义指向,主要还是在不考虑太多的社会因素情况下的传受关系内部来讨论;后者则是把大众传播媒介作为一种权力附着的"载体"来探讨,把问题引向了更宽广的"权力的媒介"背景中[……]

[作者又进一步将权力的媒介网络这一概念发展为三个方面,用以具体评估中国社会转型期大众传播媒介在独龙族地区扮演的角色,这三个方面分别是"媒介运动与关系重构""接近式同情"和"象征性冲突"。]

1. 媒介运动与关系重构

[……]
概括起来,我要回答的是这样两个问题:电视是如何下乡的?电视下乡以后怎样?第一个问题,[作者观察到]从目前中国的实际情况来看,首先表现为一种完全由政府主导的"媒介推广运动",简言之即"媒介运动"。这是一种结合当代中国社会改造的习惯表达而做出的表述。其次,除了政府所主导的"媒介运动"以外,由于收音机、电视机等传媒产品具有一般商品的性质,市场在电视如何下乡中起到了一定的辅助作用。这在录像机、VCD 等媒介产品进入市场以后表现得更为明显。但是在电视信号的发射与接受还受到政府严格管制的情况下,政府所主导的"媒介运动"仍然是中国社会里大众媒介进入少数民族地区的决定方面。

电视下乡以后情况怎样?据我个人的判断,主要表现为一种社会关系的重构。这一社会关系的重构是多方面的,其中最重要的一个方面是围绕电视传媒所展开的"符号交换"关系。这其中,有的是新增的,有的则是原有关系的形态发生了转变。在具体分析中,我把这一"符号交换"关系还原为上下关系、买卖关系、本土与外来关系,这三种关系分别体现在政治、经济、文化三个方面。

另外,正如布迪厄在使用"场域"概念时所强调的,场域中还有一种自身的构型功能,即在不断的变动中使自己获得特定的结构与秩序。以电视场域为例,电视的到来也改变了独龙乡原有的社会系统的权力结构,同时乡村社会里的权利系统也正在围绕着电视来进行重构并在此过程中获得秩序。

2. 接近式同情

"分享经验"这一概念所表达的内容或许可以包含整个传播关系中与接受者相关的所有方面。在对这一问题所做的进一步的思考中，既然"分享经验"所代表的是由传播媒介所构筑的传受关系中针对受者的方面，那么这一问题还值得进行更进一步的分析。

为了进行这一部分的分析，我使用的概念是"接近式同情"。这一概念是由两个概念组合而成的。在有关的新闻学书籍中，在论述新闻的价值时，有"接近性"的理论表达，这是传统新闻学中被人们熟知的东西，在评价某一新闻的价值时，它也成为一条重要的评价标准。所谓接近，包括地理上、文化上、心理上、情感上的接近。满足于这些接近性要求的要素越多，新闻价值在同时也结合了其他方的价值要素之后就会越大。这样的标准应该是站在传者的立场同时也结合了受者的接受心理后所确定下来的。

"同情"［有的译法是"移情"］概念是一个社会心理学概念，在众多的对这一概念的解释中，我喜欢美国社会思想家查尔斯·霍顿·库利（Horton Charles Cooley）的解释。在《人类本性与社会秩序》①一书中，他曾这样写道：

"通过语言、眼光或其他手段与他人的交往，意味着与他人或多或少产生了彼此的理解或者交流，获得共同点并且了解了他的观念和情感。如果用'同情'表示这种关系——这也许是最恰当的词汇——人们必须记住这里指的是共有能够交流的任何情感，并没有普通语言中该词所含有的'怜悯'或其他'柔情'意义。"

因此我在这里把前面所说到的评判新闻价值的"接近性"法则与"同情"概念结合起来编造了"接近式同情"这个分析概念，把以往新闻传播学研究中站在传者、受者两个角度提出的两个概念糅合在一起。虽然读起来有些别扭，但是我主要的考虑还在于，通过这种概念糅合去开辟在两个概念单独使用时所不具备的分析空间。

编造并使用这一分析概念的用意不在于有意突出一种理论的创新，而是为了使我自己在这方面的很多事实材料得到合乎学理规范的解释。为什么电视所传播的许多"重大"新闻并不被当地人接受呢？通过电视新闻的传

---

① 查尔斯·霍顿·库利.人类本性与社会秩序.北京：华夏出版社,1999：97—98.

播,当地人接受到了什么?同一条新闻,为什么不同的人会有不同的解释?这即便不是一种合乎人道的解释方式,这又是为什么?这众多的问题,我觉得通过这一分析概念都可以得到较好的解释。[……]

在具体展开这部分分析时,我的思路是从现象入手,追问这样的问题:在每天大量播出的电视节目中,当地人都看了哪些,哪些没有看?接下的问题是:他们看懂了哪些,哪些没有看懂?哪些内容是他们认同的,哪些内容没有得到他们的认同,为什么?最后我想把前面叙述过的很多问题做一个简单的归纳,理出几条简单的姑且可以称之"法则"的东西。同时也希望以此给这一部分的分析做一个总结。

3. 象征性冲突

就独龙江的情况来看,无论是年代最为久远的那些可以称为传统文化的东西,还是晚近才传入这一地区的基督教,在现代传媒文化到来之前就已经存在,基本上已经内化为"地方性知识"的一个部分(这两种文化之间也并非没有冲突,但是这已经超出了本文的分析范围)。当一种新的文化形态介入这一基本稳定的文化系统时,各种文化形态之间的张力是不容忽略的。在那些传媒手段较为发达、传媒已经较大程度地融合到地方文化系统中的社会(或地区、社区),由不同文化形态所构成的张力可能已经得到了较好的整合。不过在有些地区,如独龙江地区,传媒形态进入的时间并不长,各种文化形态之间的张力还未得到很好的磨合,因此我们在分析话语建构时不应忽略这方面的问题。从"权力的媒介网络"所建构出的分析话语,这一方面也是不可遗漏的。

在围绕"权力的媒介网络"这一分析概念展开的最后一方面进行分析时,我将结合这种张力来展开。具体来说,一是由电视所代表的传媒文化,二是以火塘为中心的传统文化,三是以教堂为中心的西方宗教文化。这三种文化形态并非是对独龙江地区现有文化形态的一种完整的归纳,但却是建构这样一个传统(或半传统)与现代性话语的几个重要方面。我在这一部分里展开的分析,始终是围绕着我提出的"权力的媒介网络"这一概念来展开的,并把这一"权力的媒介网络"所表征着的文化形态与当地其他文化形态之间的张力表达为"象征性冲突"。由于我在前面的分析中已经对以电视为代表的传媒文化方面的内容做过相应的交代,因此在这一部分里,我只介绍另外两种文化形态,并逐一阐明三种文化形态之间的张力。同前面的思路一样,这里的叙述是为了分析的需要而进行的,并不是为叙述而叙述,其间有些张力在叙述过程中也可以得到说明。另外,我还将从一般文化形态中共同存在但是具有不同表达形式的语言、时空观念问题进行分析,这对于理解"象征性冲突"并不是多余的。

我在这里不是要人为地强调冲突,更不是因为有冲突就采取粗暴的拒绝态度,这样的做法不会得到任何一个政府官员的接受,同时老百姓也不会同意。我在这里只是想对这一张力的存在状态做一个具体的说明。根据我自己的判断,这种"张力"或"冲突"处于一种"非对抗性"状态。原因有这样几个方面:(1)电视的物化表现掩盖了其"意识形态色彩",对于老百姓而言,看电视就是看电视,无需去考虑所谓的"意识形态""权力"等问题;(2)某个东西一旦以一种制度化方式进行了普及,并且被赋予了"科技"、"现代"等社会含义,一般人不敢直接怀疑它,更遑论对抗;(3)社会的流行趋势激发了人们的购买欲望,使人们对电视趋之若鹜,这是一种社会流行的强效果实证;(4)生活相对单调的乡村客观上也会追求生活的丰富性;(5)从"电视下乡"的社会效果来看,到目前为止,用当地人自己作的价值判断,还是好处多于坏处……这些都决定了电视对乡村而言,其中的种种"张力""冲突"均只会是"象征性的""非对抗性的"。我使用的"象征性冲突"概念,既是归纳,也是对前面"权力的媒介网络"概念所做的进一步分析。

四、余　　论

(一) 边缘—中心

〔原文作者从少数与多数、边疆与内地、贫穷与富裕三个方面论证了独龙乡所反映出来的边缘与中心关系。〕

1. 少数与多数

从传媒内容所安排的角度看,任何一个媒体可以说是为本媒体覆盖范围内的所有人服务的。一种做法是,选择对象总体中的大多数,根据受众调查以及媒体从业人员的感觉所获得的关于这一大多数的喜好来制定节目，调整节目的安排。正是在这每一个人都清楚的道理中，那些在整个传播对象总体中的"大多数"获得了某种中心的位置，而在这一大多数以外的、具有边缘身份的受众，始终不会成为左右媒介内容安排的决定性因素。

从广告的目标对象来看，选择一个媒体投放广告，首要考虑的也是要让广告到达目标消费者的大多数。这样的大多数获得了中心的位置，少数同样处于边缘地位。

2. 边疆与内地

由于这些地区的人口数量少，在一个统一性的媒介市场里永远是处于从属地位的。在以政治中心为中心建构的媒体体制里，远离政治中心的边疆同样是处于边缘地位的。在反宣传的无硝烟的对峙中，这些地区同样也具有重要的战略地位。但是不论是宣传还是反宣传，当地人始终处于被动的地位。因为传媒所发出的声音，往往是来自于中心的，并且让你接受什么、不接受什么，都是经过层层的把关人严格控制的。

即便是这样，边疆与内地的差别并不能消除。就我这里所分析的独龙江的情况而言，这样的差别存在于三个方面：一是心理上的差别，二是由体制结构所决定的差别，三是由文化差异所引发的差别。

3. 贫穷与富裕

大众媒介本质上是作为一种消费品存在的，媒介行为具有文化消费行为的性质。而消费行为，是以经济基础为条件的，在基本的生活尚得不到完全保障的情况下，这样一种消费行为带有几分奢侈的意味。我在前面的"少数与多数"的分析中从媒体市场的角度进行过叙述，同样用这样一个市场的眼光来考察，这一地区除了人口数量上的少数以外，还处于经济上的贫穷地位。这两个因素是该地区在整个市场体系处于边缘地位的最重要的原因。

4. 小结

正是由于行政区域上地处边疆,人口数量上处于少数,财富的占有上处于贫穷地位,因此,在一个由行政区域上的内地、人口数量上的多数、财富占有上的富裕者所建构着的"媒介网络"中,独龙江这类地区的边缘地位不可避免。

[……]

从独龙江最近半个多世纪的变化来看,很多迹象反映着这一边缘地区逐步向中心靠近的趋势。在大众传播媒介进入这一地区以后,从现象上来看,似乎这样的趋势更明显了。但是在对整个权力网络的建构进行深入的分析之后,这样的感觉慢慢地消失了。如果有某种因素能使这一地区从边缘走向中心,那么这一因素肯定不是大众传播媒介;如果在以往的某一历史时期这一地区某种程度上实现了从边缘走向中心的趋势,那么这一趋势现在已经发生了转变,转向何方,目前尚无法做出明确的判断。

(二) 自我、民族(社区)与国家

[原文作者在这里分析了媒体在进入独龙乡之后所引起的独龙族人身份认同的变化,这些变化主要体现在自我认知、社区认知、国家认知三个方面。编者将原文分为以下三个部分,并加了小标题。]

1. 自我

我感觉到独龙族社会里很多的情况无法用这样表征自我的词汇来表达,这在较为传统的独龙族社会里表现得更为突出。按某些人类学家的观点,这是缺乏自我意识的表现。在传统的独龙族社会里,没有分家的习俗,而有住长房的习俗。在这样的居住环境中,作为个体的自我几乎完全融合到大家庭中,纯粹意义上的个体空间是十分狭小的,而更多的是一种个体空间与家庭空间的融合。在大家庭内部,人们共同劳动、共同生活,无论是生产工具还是生活用具,均没有彼此之分。

[……]

在有些小孩子那里,我看到的则是另外一番景象。家庭经济条件较好的迪政当村的LJW的妻子到外地参观考察回家,给家里的两个小孩一人买了一个小玩具、一套新衣服。这兄弟两人岁数相差两岁左右,一个上四年级,一个上二年级,他们两人的很多东西是有比较明确的归属区分的。虽然这只是一个具有某种特殊性的小事,但是从儿童身上所表现出来的这种日常心理中,我们或许可以看到一种还未完全地完成社会化过程的"自我"的存在,这种主要自我意识在社会化过程中慢慢地会转化为一种主要体现为"自家"层面上的自我意识。

2. 社区

现在所实行的行政区划的管理方式把原来的按家族分散居住的社区划分为6个行政村,这种划分方式又逐渐确定着一种新的认同方式,但是这种认同方式主要还不是从严格的行政区划的方式上来区分的,而是根据当地方言的差异作出区分的。如当地人经常说到的"一乡人"(包括迪政当和龙元两村)、"二乡人"(献九当村)、"三乡人"(孔当村)、"四乡人"(巴坡、马库两村),就是根据这一方言差异来区分的。较之与家族层面的自我意识而言,这是一种地域上更为广泛的自我意识。再往上,这一意识就已经上升到了民族的层面上,那是我们接下来要论述的。

[……]

这种古老神话中的民族意识,表明独龙族社会与周围民族交往历史的悠久一面。也从一个层面证明,在独龙族社会里,很早就有了这种来自于"民族"层面的社会意识。在与周围民族的频繁交往中,独龙族人民引进了许多农业生产的新品种,学会了使用和制造先进的生产工具,更重要的是强化了独龙族社会的民族意识。在这些交往中,曾经存在着很多不平等,这种不平等的交往方式在一定程度上强化了存在于民族层面上的社会意识。

3. 国家

[……]

中华人民共和国成立以后在独龙江流域内所设立的进行国民教育的学校,是国家意识深入基层的一个最重要的渠道之一。

在电视进入独龙江以后,人们也在接受由传媒所传递的国家意识。

[……]

在电视所构筑的这个虚幻的空间里,当地人可以看到不同肤色的人,看到许许多多的其他民族的形象,也可以看到许多他们或许永远也无法去亲身经历的异国风情,可以从电视上认识越来越多的国家,可以用自己的知识去理解发生在另一个陌生环境中的事情,可以用自己的情感去体会其他人认为理应如此的情感。[……]

但是,在电视里,他们几乎从来看不到自己,乃至自己的民族。[……]

历史的大幕已经拉起,但愿上演的不仅仅是弱小民族生存空间被剥夺的悲剧。

我国新闻生产的影响机制研究
——以妇女新闻为个案

陈 阳

[在本案例中,陈阳博士运用深度访谈的方法,对我国新闻生产的影响机制进行了研究。作者试图通过整合的解释框架来理解我国媒体生产的影响机制。]

内 容 摘 要

本案例以对北京、广州和深圳三地从事妇女新闻采访或决定妇女新闻能否发表的 25 名记者编辑所做的深度访谈为数据,通过对我国妇女新闻生产的分析,试图展现我国新闻生产的影响机制。案例从个体新闻从业人员的意识、媒体组织的常规和体制情境三个层面入手,论述了这三个层面对新闻生产的影响。在社会变革和媒体转型的背景下,本文试图回答:哪些因素推动了新闻生产的转型？这些因素之间是如何相互作用的？它们带来了哪些后果？虽然针对新闻生产的挑战因素经常出现，但是新闻生产基本上还是一个由常规起主导作用的过程。

德弗勒和鲍尔-洛基奇总结了大众传播研究的三个关键问题：一个社会是怎样影响其大众媒介的？大众传播是如何发生的？接触大众媒介对人们有何作用？并且认为，"由于种种原因，过去大部分的大众传播研究都是论述第三个问题的"。黄旦和韩国飚（1997）总结了我国传播研究的历史，发现除了极少数对"把关人"和新闻从业人员的调查外，有关媒体组织和新闻生产的实证研究几乎没有，他们认为我们对于传播学的"了解不够全面"[①]。这一切提醒我们，有必要认真探索德夫勒等人所提出的第一个问题，即什么样的政治、经济和文化条件导致了大众媒介以目前的形式运作？

新闻是大众媒介所生产的标准化产品，媒介效果只有依靠这些新闻产品才能得到实现。普通公众要通过新闻来了解和评价大众媒体。但是，对于普通公众而言，新闻生产的过程就像一个"黑箱"，人们很少了解从发生在社会领域内的事件到最终公布的新闻产品之间要经历怎样的过程，也无从得知哪些因素在影响着、决定着、改变着最终的新闻产品。研究新闻生产过程，就是要回答新闻是怎么被生产出来的这个问题，其意义不仅在于帮助我们全面理解大众传播过程，总结新闻生产规律，而且也有助于传播者更有效地实现其传播目的，改善传播内容，提高公众的媒介素养水平，推动媒体转型。

本案例以妇女新闻的生产为个案，在媒体转型的社会背景下，从不同层面探索我国新闻生产的影响因素，并试图整合出一个普遍性的解释框架来理解我国媒体生产的影响机制。本案例的数据来源于作者2003年7月和9月分别在北京、深圳、广州三地所做的25个深度访问。访问对象为各家新闻单位里曾经或正在从事妇女新闻报道的记者和编辑，以及那些有权力决定妇女新闻能否出现在媒体上的单位领导，后者往往是各家新闻单位的主编或部门主任，他们的年龄在23岁至51岁之间，其中21名女性、4名男性，17位来自中央级媒体，5位来自省级媒体，3位来自市级媒体。他们的工作单位包括报纸、通讯社和广播电台。从每一个被访问对象那里，研究者都想知道：他们怎么看待自己所生产出的新闻产品？在生产新闻的过程里，

[①] 黄旦，韩国飚.1981—1996：我国传播学研究的历史与形状——对几种新闻学术期刊的简略考察.新闻大学.春季号：20—31.

他们怎么跟各种影响因素打交道？哪些因素影响了最终的新闻产品？新闻生产是一个不停变动的过程，他们以及他们各自的媒体组织怎么应对难以预测、层出不穷，却又时时刻刻发生的新闻事件？

解 释 框 架

早在20世纪50年代，怀特[①]就开始研究个体新闻工作者怎样参与新闻生产过程，并得出了"记者是把关人"这一经典结论。但是，其研究的缺陷之一是，仅仅考虑了微观层面上个体新闻工作者的影响，而忽视了更为中观和宏观的媒体组织特征、压力团体和社会环境。作为社会中的个人，记者通过社会经验而形成选择新闻的标准。但是仅仅从这种个体的角度来理解新闻生产，就简化了这一复杂过程，容易使我们误以为只要提高记者的职业水准就能提高新闻质量，并减少对信息的偏见和歪曲。此外，对怀特"把关人"理论更为深刻的批评在于，他用行为主义理论来解释记者的工作，忽视了记者个人的主动性。按照他的观点，记者所生产的新闻产品仅仅是对真实世界的镜子式的反映，在这个过程中，记者所做的仅仅是被动地进行选择而非主动加工和解释新闻事件的意义——按照怀特的观点，不同的记者对同一新闻事件的报道应该雷同，研究者对新闻生产的理解也无需深入媒体组织内部考察，仅仅考察记者的个人特征就足够了。然而事实上，记者使用自己的专业技能来加工和制作新闻，这才是新闻工作的价值所在，也是记者保持职业自豪感的原因。

跟怀特所持的反映（mirror）论相对立，建构论（construction）认为，新闻生产是一个各种要素进行互动的过程，新闻是被社会建构出来的，新闻工作者不是被动地存在着的，相反，他能够积极地处理、重构和发布信息，因此，对这个过程的解释不能仅仅关注个人，也应当考察媒体组织和社会环境，后者构成了个体处理信息的背景舞台。建构并非捏造、虚拟或者扭曲，它是个体行动的过程和后果。塔奇曼（Tuchman，1978）应用建构论观点，使用参与观察法和深度访问法，认为新闻"是有内在合法性的、被建构的事实"

---

① White, David Manning. The Gate Keeper: A Case Study in the Selection of News. Journalism Quarterly, Vol. 27, 1950: 383—90.

(news as 'a constructed reality possessing its own internal validity')。在组织活动层面上,记者管理着自己的日常工作,其中最关键的一步就是学习将"原材料"(新闻事件)分类、缩小事件的不确定性,并应用与之对应的工作常规,因此,记者的实际工作里包含着对事件的加工和制作。在她看来,消息来源、记者和媒体组织构成了一张新闻网,保证所有潜在的新闻事件能够被发现。媒体组织分配记者的网状形式对新闻选择至关重要,因为发生在新闻网漏洞上的事件被报道的可能性更低,也更加没有可能通过媒介进入公众视线。新闻网也解释了媒体组织怎样通过与消息来源的合作而使得新闻常规化。媒体组织形成常规是一个长期渐进的过程,社会制度、法规体系、文化心理等等都是制约媒体组织常规的重要因素。因此塔奇曼建议,对媒体常规的考察也应该考虑新闻生产的外部环境,尤其是一定社会背景下的体制情境。

舒梅克和里兹[①]通过回顾关于新闻生产的近百份实证研究成果而总结出五个分析层面。这五个层面从微观到宏观依次为:个体新闻工作者、媒介常规、媒体组织层面、外部组织、意识形态。并且认为,每一个层面对新闻生产的影响都要通过比它更微观的层面来实现。这是一个功能主义色彩浓厚的分析框架,它提示了我们,应该从哪些角度来区分新闻生产的影响机制。在美国,媒体组织层面主要指媒体组织定位于实现经济利益还是以社会责任为重,而我国媒体实务界和学术界在这个问题上都没有分歧,一致认为社会责任重于经济利益。外部组织主要指宗教、政治团体、广告商、企业公司等对媒体施加影响力的压力组织,意识形态指一定社会里的主流思潮和社会观念,这两个层面都指向社会体制和规范,即一定社会里的意识形态会对这些外部组织影响媒体的方式产生影响。

因此,本案例以建构论为理论背景,从三个分析层面考察影响我国新闻生产的因素:(1)个人层面上个体新闻工作者的特征和意识;(2)组织层面上新闻单位的职业常规;(3)新闻生成的体制情境。需要指出的是,第一,新闻生产包含着若干相互关联的环节,这些概念上的区分只是出于分析的方便,而在实践中,它们结合在一起参与整个新闻生成过程。第二,这些分析层面绝不像舒梅克和里兹所言,每一个相对宏观的层面都影响了更微观的

[①] Shoemaker, J. Pamela and Reese, Steren D. Mediating the Message: Theory of Influences on Man Media Content. New York: Longman Publishers, 1996.

层面;事实上,各个层面之间的影响是双向的,相对微观的层面也会影响那些更宏观的层面,比如,新闻记者将有机会同消息来源、自己的上司、广告商、政府以及其他社会组织打交道。所以,下文除了分析每个层面的影响之外,还将展示它们之间的双向关系。第三,本案例目的不在于列举影响我国新闻生产的所有因素,而在于分析那些关键因素所形成的整体性的媒介影响机制,因此,其他影响因素,比如受众反馈和媒介技术,下文都没有讨论。

个体新闻工作者的意识

个体新闻工作者在自己的日常工作中每天直接负责新闻文本的生产。他具有一个被普遍承认的合法身份,熟悉新闻工作的各项要求。媒介产品里所出现的各种变化都由记者的行为直接产生。尽管记者个人的偏好和态度会影响新闻产品的最终形式,但他仍旧被视为社会建构的行动者,即个体新闻工作者绝不是影响机制里最终的决定因素。虽然如此,但考察记者的工作态度和个人意识,能够体现出新闻生产变迁的轨迹和过程。对这些制作妇女新闻的记者来说,他们对妇女问题的看法会直接影响新闻判断和选择,而形成这种看法的原因在于正在进行中的深刻社会变革。接受访问的记者们都能说出我国妇女界的主流理论——马克思主义妇女观——的若干内容,并且很自觉地用它来分析当前的妇女问题。"妇女回家"是改革开放以来出现的新现象,面对这个问题,虽然受访记者个人可能会抱怨"这个社会给我们女同志的压力太大了"(访问,7月10日),但是一旦提到自己的工作产品,记者都纷纷表态"男女平等是我国的基本国策,媒体怎么能宣传让女人回家呢"(访问,7月11日)。

受访记者对妇女理论的掌握远远超出研究者最初的设想。1995年世界妇女大会将"社会性别"(gender)这个概念正式带入我国。作为从西方女性主义运动中发展出来的重要概念,社会性别所负载的是符合西方社会环境的理论和实践。受访记者都明确表示知道这个概念,有两位记者承认自己是"女性主义者",一位甚至大谈"实用性性别利益"和"战略性性别利益",但是,他们并没有完全拥抱来自西方的理论,而是用一种批判的眼光来看待西方女性主义。当谈到女性主义和社会性别这些概念时,受访记者都会自觉加上"西方的"这个定语,以此提示这个概念跟中国的实际情况有区别。他们只接受那些自己认为有用的和正确的内容,而抛弃了一些更激进的议题。一位有着 17 年报道妇女新闻经历的编辑坚持认为,在社会性别理论进入中国之前,自己从日常工作中已经产生了性别意识,只不过那个时候"不知道这个概念,没人提"(访问,7 月 21 日)。在这些受访记者看来,马克思主义妇女观和社会性别理论之间不存在对立冲突的关系,它们有相似性也有不同,接受一个并不意味着就要抛弃另外一个。记者们偶尔也会质疑这些概念的合理性,当年轻的记者因为"今天的女童明天的母亲"这个口号将女性的角色限定为母亲而提出反对意见时,年长的编辑却坚持认为母亲是女性最重要的角色之一:"他们怎么能鼓励妇女们放弃母亲这个角色呢?!"(访问,7 月 23 日)

跟怀特的假设相反,本研究发现,记者不是一个单一化的群体,不同背景的记者对妇女问题持有相反甚至冲突的看法。年龄是造成这种现象的一个重要变量。出生于 20 世纪 50 年代、受到"男同志能做的,女同志也能做到"这些口号影响的年长记者更倾向于将妇女问题本质化,即坚持男女在生理和心理上的差异,不少人认为女性比男性更容易产生性别意识。而 20 世纪 70 年代出生的年轻记者则普遍认为,性别意识不单单属于女性。由年龄差异所体现的观念差异,跟社会转型、日常经验、工作实践、国际交流、学校和家庭教育等因素有关,其社会背景正是我国当下正在发生的市场改革。

当报道妇女新闻时,受访记者的新闻判断不仅受到性别意识的影响,也受到了"党的新闻工作者"这个主导性职业规范和角色定位的影响。"党的新闻工作者"这个身份是多种因素的混合物,包括在权力结构中的地位、年龄、个人特性、教育背景、生活经历、媒体组织特性等等,这些因素和个人的工作身份之间缺乏确定的联系。事实上,这两者之间并没有激烈的冲突,记者的性别观念反而有赖于他们对自己职业身份和功能的定义。比如,针对广告对女性的歧视性再现,一些受访记者认为,一个优秀的记者就要对这种现象进行坚决的批评,这样才是有社会责任感、对国家和读者负责的体现(访问,7 月 28 日)。

新闻组织的职业常规

在日常工作中,媒体组织依靠建立起来的一套职业常规来管理新闻,其中最重要的是维持与消息来源的关系。党和政府是我国媒体最重要的消息来源,即使妇女新闻领域也不例外。内容分析的数据表明,1990年以来,《中国妇女报》上来自党和政府的新闻数量略微有所下降,而来自全国妇联的新闻则大大增加了[①]。除了国家的声音,妇女新闻的消息来源呈现出多样化的特征。一位妇联的干部总结说,现在,媒体和消息来源的关系是"合作的而非(过去那种)指导和被指导的"(访问,7月16日)。这些新出现的消息来源主要包括那些随着社会转型而出现的经济和文化精英。媒体被动地等待政府提供消息的旧做法已经被取代。现在,媒体更加强调第一手素材和增加信息量,同时也竭力与多样化消息来源维持良好关系。

在独家新闻的压力下,即使没有任何上级领导的命令,记者也试图"穷尽所有消息来源"(访问,7月17日)。于是,一些非政府组织得以在媒体上出现,从而增加了大众接近媒体的机会。一次,一位记者准备一篇有关家庭暴力的文章,需要关于我国家庭暴力现状的统计数据。这时候,常规的消息来源都不能提供这些,只有一家北京的妇女热线组织保存并统计了过去十年热线谈话的记录,于是记者从那里得到了第一手统计数据(访问,7月3日)。记者要发掘多元化消息来源,不仅因为它们能够提供独家消息,还因为它们有时会发表与众不同的、有吸引力的观点,比如,非政府妇女组织首先提出"'打老婆'不是家务事,而是对妇女权利的侵害"这个观点,挑战了社会主流观点,从而吸引了记者的注意。但是,多元化消息来源并不能自由地为媒体或记者设定议程,通常情况都是记者有意识地寻找它们并将它们所提供的消息融入自己的新闻作品里。记者用"挖新闻"来表述这种行为,"挖"意味着记者的采访是有目的、有选择的,而那些新出现的消息来源不熟悉新闻运作的规

[①] Chen, Yang. Negociating Fragmented Women's News: State, Market and Feminism in China since the 1990s. Unpublished Dissertation. Hong Kong: The Chinese University of China,2004.

律,在配合记者采访方面则显得有些被动。至少在目前阶段,在记者与多样化消息来源的互动中,还是记者占据着更主动的位置。

新闻价值观是记者以特定方式来报道世界的一套符码,体现了新闻制度的特征,并且被新闻工作者内化于自己的实践当中。它一般包括下列准则:时效性、接近性、显著性、趣味性、重要性、影响力或后果等等。在转型新闻业里,值得注意的是,人情味和负面性这两个要素开始进入了记者的新闻价值观里。"三贴近"要求媒体更多地关注"人情味"或"有趣的事件人物",以保证它们的报道内容更加吸引人、报道手法更通俗,尤其到了 20 世纪 90 年代中期关注本地居民需求的"都市报"的兴起,这种趋势更明显。新婚夫妻在婚前签订协议规定背叛婚姻的一方要对另一方做出赔偿,12 位"二奶"在"丈夫"死后争家产等等,这一类妇女新闻经常出现在头版上。但是,"有趣味的事情"和"妇女利益"不是一回事,这就是为什么强调人情味的新闻在写作和编辑时没有把妇女利益考虑进去的原因。一次,妇联免费向珠三角地区女农民工发放安全套,这是妇联在该地区流动人口中开展性教育、减少性传播疾病的措施之一,很有社会意义。但是,性、安全套、性交易事件增加以及年轻漂亮、文化程度不高、远离家乡的打工妹,这些看起来构成了一则煽情新闻的关键要素,最后见报的新闻虽然不忘提及妇联此行的意义,但更不忘突出这些"有趣"且煽情的要素(访问,9 月 13 日)。

"正面报道为主"是我国媒体的报道准则之一,但是,在田野调查里,当问到记者们最欢迎什么样的妇女新闻时,相当多的受访者表示,负面新闻最受编辑欢迎,最能反映妇女问题并引起社会关注,最吸引读者注意,因而较工作新闻更容易见报。这里需要指出的是,记者们所回答的"能够引起全社会的普遍关注"和"具有社会影响力"跟服务社会公众利益并没有直接的关系,否则的话,就无法解释为什么正面的妇女新闻不可能跟负面新闻一样拥有"社会影响力"。但是,欢迎负面新闻并不等于记者们认同西方式黄色新闻,相反,他们明确表示了对黄色新闻的反感,坚持严肃的态度。新闻写作中更多地表现出来的是"问题+解决"模式,他们认为,这样才是坚持正确导向、维护社会和谐,而且也只有这样才能维护社会——包括自己的受众——的整体利益。

在截稿时间的压力下,记者在日常工作中需要接触大量信息并快速做出判断,他们没有时间也不可能对一个新闻线索或消息细致深入地进行分析。因此,记者需要有一套新闻价值观来帮助他快速选择和决策,新闻采访和写作因而也是有固定章法可循的常规活动。这里，新闻价值观最重要的功能就在于能够简化复杂的新闻事件，保证新闻生产能够有效率地、连续地进行。新闻价值观包含哪些内容、为何被建构、怎样被建构，它是一个变动的过程，受社会环境和记者个人的影响，同时它的变动也有惰性，即媒体组织总是倾向于遵守那些已经确立的报道常规。一位记者这样说："我们对各部门的报道都喜欢参照惯例。对下个月'九大'（即第九届全国妇女代表大会）报道的规格会参照（五年前）'八大'的规格，'八大'配了社论，那么'九大'也配社论。'八大'在头版发一篇文章，'九大'也在头版发一篇文章。"（问谈，7月22日）

常规的新闻价值观并没有过多考虑妇女利益和性别公正，但是，在新闻组织常规框架之内，有些记者在写作新闻时会加入个人因素，使新闻呈现出些许变化，比如改变那些歧视女性的词汇，包括"改嫁""妇孺皆知""命苦""弱女子"等。语言是新闻传递信息的渠道，一旦改变了新闻的语言，也就改变了新闻的立场和观点。在一些犯罪题材的新闻里，出于对女性受害者的保护，记者不愿意使用她的清晰图片，不使用真名，避免任何使人能够认出受害者身份的资料。在平衡隐私权和为公众服务方面，记者有时会倾向于前者。这种做法，丰富了常规新闻价值观的内容，保护了弱者。更进一步的问题是，市场改革为提高女性在媒体上的地位确实提供了便利条件，比如多种消息来源和修正新闻价值观，但是，市场化带给媒体的压力（提高发行量和收视率）跟保护弱势群体之间存在着不和谐。怎样才能增加弱势群体在大众媒体上的能见度、发展更和谐以及更平衡的媒体报道，将会是未来改革媒体组织职业常规的重要内容。

新闻生产的体制情境

在本案例中，体制情境指的是正式或非正式的结构环境。它是一套业已确立的、稳定的规则和普遍程序，它规范和限制了传播行为及关系，规定和促进了传播过程中的个人活动和互动关系，包括媒介组织和政治精英之间的关系、所有者和审查者之间的关系、财政资源和传播技术、印刷和出版等等。体制情境为职业常规和个体新闻工作者设定政治、经济、法律和文化诸多方面的规则。这些情境定义了谁被允许成为记者，谁有权拥有媒介，媒介报道究竟是遵从反映论还是建构论。体制为日常生活提供了稳定的结构，并且限制了非主流活动和互动关系出现的可能性，以此减少不确定性，同时，它又为个人从事某些活动提供了机会(North,1990)①。

这并不是说体制是某种给定的东西，某种可以脱离人类活动被创造出和存在的东西。相反，处于限制之下的社会行动者建构和重构了那些反过来制约人类的基本准则②。当现存体制不能提供合法性资源以满足媒体需要时，体制变迁就出现了，比如，为了获得更多信息，媒体重新安排采访线路和部门设置，开办新报纸和新频道，增加软新闻和广告，招聘大量临时流动的记者等等。这些行为改变了对记者角色的看法以及对新闻的看法，也改变了记者获得晋升赢得荣誉的方式。

体制变迁的能力和方向不是某种给定的东西，而是在多种力量的协商和合作中实现。根据制度经济学理论，陈怀林③总结了决定我国新闻业体制平衡的三股力量：体制革新所带来的潜在（经济）收益，变革现存体制的成本，以及影响收入分配的政治、经济和法律机制。按照他的观点，如果将经济收益看成是唯一的变革因素，那么妇女新闻的生产缺少推动体制变迁的力量，因为它的直接目的不在于影响大众媒体的经济收入，而在于产生政治和文化影响。但是，体制因素在整个影响机制里位于最权威的地位，无论是在媒体观念还是实务领域内，它的变迁都能为个体新闻工作者和媒体职业常规制定规范、确定行动的范围，并使这两者获得正规化、合法性地位。

最正规化的体制因素是法律和政策。国家新闻出版署所公布的跟女性（或性别）有关的规定和指示都集中在反色情、反淫秽方面，如《新闻出版署、公安部关于鉴定淫秽录像带、淫秽图片有关问题的通知》(1993)、《新闻出版署关于转发最高人民检察院〈关于严厉打击走私、制作、贩卖、传播淫秽物品和非法出版物的通知〉》(1994)。直接提到过"妇女和媒体"的条款可以在其他政府部门所发布的规定中找到。原广播电影电视部（现广电总局）在《关于进一步加强广播电视广告宣传管理的通知》(1997)中指出："广播电视广

---

① North, Douglas. Institutions, Institutional Charge, and Economic Performance. Cambridge: Cambridge University Press,1990.

② Giddens, Anthony. The Construction of Society: Outline of the Theory of Construction. Berkeley: University of California Press,1984.

③ 陈怀林.九十年代中国媒介制度变革.二十一世纪.第53期：1—14.

告宣传应尊重妇女,不得歧视、侮辱妇女,不得使用不健康、不正常妇女形象"①。1995年2月1日起生效的《广告法》第二章第七条规定,广告不得"含有……性别歧视的内容"。1992年10月1日起生效的《妇女权益保障法》第39条也规定:"禁止用侮辱、诽谤、宣扬隐私等方式损害妇女的名誉和人格。"这些政策不仅规定了妇女新闻的内容和选择标准,而且也提示了相应的报道和采写方式,是指导媒体实践里妇女新闻生产的纲领性文件。

有关媒介再现女性的最详细的国家规定来自于国务院制定的《中国妇女发展纲要(2001—2010)》。它于2001年生效:"在新闻出版、广播影视以及文学艺术等领域展现妇女在经济发展和社会进步中的成就和作用,大力宣传妇女中的先进模范人物;加强文化市场管理,禁止在宣传媒体、广告和文艺作品中出现色情或有辱妇女人格的作品;为妇女在新闻宣传领域的发展提供更多的条件和机会,使妇女广泛参与宣传媒体的管理、制作、教育、培训和研究,提高妇女对宣传媒体资源的占有程度。"

从20世纪90年代到21世纪,这些政策的内容越来越明确、详尽、全面,体现出国家对妇女新闻的重视。但是另一方面,这些政策也存在着暧昧和模糊之处,它们并没有详细规定什么才算是对妇女的歧视,也没有说清楚对违反这些规定的行为该处以什么样的惩罚。《中国妇女发展纲要》是国家对妇女工作的指导性文件,由政府制定并公布,没有经全国人大这个最高立法机构通过,所以没有法律效力。"男女平等"或者"性别平等"经常出现在主流话语里,却很少体现在法律实践当中。因此,影响我国妇女新闻生产的体制变迁动力基本上是自下而上的行为,主导因素仍旧是国家政策,而这些政策距离正规化(formalization)和常规化(normalization)还有一段路要走。

总结:挑战与常规

作为一个变动的、整体性的过程,在社会转型的背景下,新闻生产的影响机制面临着多方面的挑战。就个人层面来看,新闻工作者对报道对象和报道领域有自己的认识,他(她)们能够有意识地选择报道角度和素材,并且能够将

---

① 卜卫.媒介与性别.南京:江苏人民出版社,2001.

自己的看法体现在最终的新闻作品里,因此主流的"党的新闻工作者"这个身份的内涵面临挑战和重新定位。在组织层面,媒体开拓新的多样化消息来源,修正对新闻的选择和判断标准,其写作风格也开始呈现多元化。在体制层面,对常规化和正规化的要求影响了体制变迁的方向,但是,至少对妇女新闻而言,报道与正规化的目标仍有距离。而且,这三个层面上所发生的变化并非同步进行的,概括地说,个人层面的变化先于组织层面,也先于体制层面,即体制的稳定性高于媒体组织和个人。

  同时,新闻生产仍旧是一个常规化的过程。这些影响新闻生产的因素正在发生变化,不仅那些既有的要素出于惯性而仍旧维持着,就连新要素的目的也在于成为媒体日常工作所遵守的常规。这些新旧要素结合在一起,无需言明,无需成文,联结了日常新闻生产活动的各个环节。媒体和个人对这套规律心领神会,并按其行事,所以,新闻生产不是一个混乱无序的"黑箱"操作过程,它仍旧有规律可循。

  挑战与常规并存,这在转型期新闻业里表现尤为突出,这也是造成新闻现象不停变幻的动力。新闻生产活动时时刻刻进行着,它涉及传播领域的方方面面,因此对它的解释总是难以令人满意,这里对"挑战"和"常规"的总结也不可避免地带有简化原本复杂过程的嫌疑。从以挑战面貌出现,到成为媒体所遵循的常规,中间至少经历了"出现—混合—常规化—正规化"这些阶段,比如负面社会效应作为选择新闻的标准而被媒体组织重视,同时带来正面和负面的后果,那么这些标准一定能够成为媒体常规吗?如果它被媒体所抛弃(如负面),那么我们又该如何理解它在整个媒体转型过程中的意义呢?当这些新因素(如性别意识)成为媒体常规之后,它又怎样应付来自其他新因素的挑战呢?也许,"挑战"和"常规"的界线并非研究者所假设的那样清晰、不可逾越,介于二者之间的那些活动(如多样化消息来源与记者的关系)更值得注意。媒体实务提出了太多的课题迫切需要理论来解释!

  本案例从建构论角度出发,对我国新闻生产的影响机制做出了尝试性分析,本身的缺陷亦不少。文中的数据依赖受访记者的个人陈述和回忆,而研究者缺乏验证这些陈述准确性和可信性的手段;选择被访记者时,研究者采取了目的抽样(purposed sampling)和滚雪球抽样(snowball-sampling),研究对象仅限于妇女新闻领域,研究地点仅限于三所城市,因此这些发现能否推广到整个新闻界还是个问题;本案例没有考虑到不同地域、不同类型的媒体组织的差异,因而案例里的分析相当粗略,未来的研究需要容纳更多变量,需要重视技术手段和受众对新闻生产过程的影响。

透视电视娱乐的文化"母题"与叙述策略
——《超级女声》的叙事话语分析

刘自雄

[本文刊登在《新闻大学》2005年冬号上,用叙事学和话语分析的方法研究电视娱乐文本。本书作者对原文进行了适当的编辑,并去掉了其中的注释和参考文献。]

作为近期热播的一档电视节目,《超级女声》获得了奇迹般的成功,这已为收视率、广告收入等各项指标所证实。对于其获得成功的奥秘,已经有了多种版本的阐释和评价:或认为它是对国外同类节目的一次成功克隆,或认为该档节目迎合了目前流行文化的审美时尚,或认为它整合了传统综艺节目(variety show)和"真人秀"(reality TV)的优势,等等。这些判断和分析都不无道理。不过,笔者认为,这些论述还并不能充分揭示该类节目之所以能够在国内外取得成功的根本原因。本文认为,如果我们不从社会学、心理学、文化研究的"外部研究"视角,而是从叙事学的"内部研究"视角来考察《超级女声》,把它看做是一部"真人连续剧",那么,从文本分析角度揭示这档节目的内在叙事品质——《超级女声》讲故事的奥秘,或许可以为我们深入理解这档节目的成功带来更多的启示。

一、作为文本的电视节目：《超级女声》是一个纪实叙事文本

1. 叙事学

叙事学(narratology)是20世纪60年代在法国走向成熟的一个文学理论流派，它力求突破传统文学研究所擅长的传记批评、社会历史批评等"外部研究"的定式，主张让文学研究回归文学本身，它不再追问文学与社会历史、个人传记之间的联系，而是寻找文学文本内在的"文学性"，探讨文学本文的"形式"，而不是"内容"。在这一派的学者看来，文学的本质就是讲故事，而故事的内容（素材）固然重要，但更为关键的是讲述故事的方式（结构、形式），因此，文学研究的目的应该就是追寻人类"讲故事的奥秘"。在这种背景下，大批学者开始借用瑞士语言学家索绪尔的"语言学革命"带来的启示，研究文学文本的形式、结构因素——从俄国形式主义文论家普罗普对俄国民间故事的叙事"功能"分析、结构人类学家列维·施特劳斯对神话的结构分析、再到罗兰·巴特对流行服饰符码的符号学叙事分析，叙事学已经成为一种成熟的文学、文化研究的理论和方法论，成为分析以小说为代表的虚构叙事作品的重要研究方法。自20世纪70年代以来，叙事学已经进入了更加广阔的研究领域，逐步渗透到历史、传记、电视剧、电影、纪录片乃至广告、新闻等研究领域之中。

2.《超级女声》的叙事性质

电视是一种优秀的叙事媒体，我们通常将电视剧、电影、纪录片等节目归类为电视叙事作品，这几乎不存在争议。但是对于新闻、广告、综艺等这些节目类型，我们甚少把它们当做叙事作品来看待；而按照传统的电视节目分类，通常我们会把《超级女声》归类为综艺节目。尽管也有人认为《超级女声》已经突破了传统综艺节目的形态，而溶入了"真人秀"的因子，应该被称为"电视综艺真人秀"，然而，他们只是把它看成一种（新型的）综艺电视节目

形态,而并没有揭示出其叙事性质。但是,正是这种传统的思维方式妨碍了我们对这类节目的全面分析。本文认为,《超级女声》是一部叙事性极强的当代戏剧,它的本质在于它以影像的方式讲述了一群当代中国青年女性如何追寻自己的音乐梦想的故事。它符合叙事的基本特征:有人物、有情节、有戏剧冲突。当然,它所使用的叙述语言不再是文字,而是独特的电视叙事语言:声音和影像。

3.《超级女声》的文本性质

叙事学的研究对象是故事的文本(text),它是由作者按照特定的结构规则生产出来的一个"编织物",因此,研究者可以通过解读而揭示出文本的结构规则。当然,由于叙事学的传统研究领域是文学,因此,小说、童话、神话等文字出版物就成为人们通常所理解的本文所指对象。但是,随着电影、电视媒体的出现,影像叙事作品愈来愈兴盛,文本的所指已经扩张到声音、影像叙事的领域,电视文本、电影文本、音乐文本等成为学术界常用的概念。因此,在本文中,笔者将《超级女声》这档叙事节目的影像也界定为文本。

4.《超级女声》是一个电视纪实叙事文本

经典叙事学的主要研究对象是虚构叙事作品,但是在叙事学的后期发展过程中,不少研究者已经把这种研究方法运用到对诸如历史、传记等纪实叙事作品的研究当中,并验证了其有效性。作为一个叙事文本的《超级女声》讲述的是当代一群青年女性"追寻自己的音乐梦想"的真实故事,所以,本文认为,《超级女声》是一个电视纪实叙事文本。在进行了上述理论澄清之后,下文将具体探讨这个特殊的电视纪实叙事文本的叙事学特征。

二、《超级女声》的叙事类型:一半是喜剧,一半是悲剧

作为一部电视纪实叙事作品的《超级女声》具有与众不同的特征:它是由真人亲自讲述(表演)的、按照每周一次、持续近3个月的叙事作品,我们不妨将其命名为一部"真人连续剧"。在对文本进行具体的叙事分析之前,本

文将首先从宏观的角度,即从叙述结构和文体学的角度探讨《超级女声》的文本结构和叙事类型(genre)。

1.《超级女声》:一个"大故事套小故事"的叙事文本

叙事研究非常关注人类叙事中的一些经典讲述模式,它们不仅是众多作者喜欢采用的叙事框架,而且体现了人们审美接受心理的结构化。中世纪阿拉伯民间故事集《一千零一夜》就是这样一个文学史上的叙事典范,它采取大故事套小故事、小故事中又套小故事的写法,用"国王山鲁亚尔及其兄弟的故事"穿针引线,把近二百个故事串联起来,使全书成为一个完整的故事群;这种大故事套小故事的做法在叙事理论中被称为"嵌套"。

显然,从叙事结构艺术来看,我们不难从《超级女声》身上发现同样的叙事结构规则。如图附1所示,我们可以把《超级女声》文本划分为三个层次:第一层次是"大文本",即包括所有一个赛季的系列节目,把它们看做是一个大的故事。第二层级包括三个"中文本":"海选"(初赛)文本,即关于所有报名参赛选手的"海选"现场影像;"晋级"文本,即从"初选"过关的赛区选手中遴选出分赛区前三名这个过程的所有比赛文本;"总决赛"文本,即每个分赛区的前三名一起参与最后角逐的节目文本。第三层级是"小文本",即每期(比赛)节目所构成的若干个文本。也就是说,《超级女声》是由三个层级的若干个文本所构成的一个"嵌套"式文本。

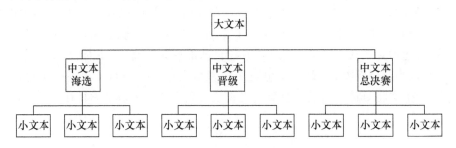

图附1 《超级女声》的文本结构

《超级女声》的这种"嵌套"式叙事结构使节目具有非同寻常的艺术张力:(1)读者/观众的接受视点是多元的,可以自由选择切入的视角,比如说从"小文本"的视角切入,每个文本都是相对自足的,读者可以选择自己的认同(identity)对象(选手/偶像),情感性地卷入比赛的解读当中,从而获得满足。一旦自己的认同对象在这个"小文本"的结尾被淘汰了,那么观众又可以自由选择视点的切换,转移到新的认同对象身上,从而在下一期节目中重新开始另一视点的解读,从另外的认同中获得审美愉悦。(2)每个"小文本"既是相对自足的,同时又是更高一级文本的一个组成部分,只有从"大文本"的角度我们才能看到整个叙事的进程,因此在"小文本"之间形成了一种向前发展、故事并未终结的叙事张力、悬念,吸引观众逐步深入到这个大文本的未来发展方向中去。这一叙事特点也体现了我国传统的章回体小说叙事的一个重要规则,即在自足的一个章节(小高潮)过后,留下"预知后事如何,且听下回分解"的悬念。

上文主要是从叙事结构的角度来分析《超级女声》的特点。如果从人物的角度来看,一般叙事作品只有一位主角,但《超级女声》的主角——英雄偶像——是多元的,它取决于观众的接受视角,而且不同层级的文本的结构元素(主角、情节)也是不同的。如图附1所示,对于只收看某一期节目的观众来说,每个单独的第三级文本都可以看成一个独立的文本,他们可以自由选择自己的主角——认同对象,这一主角的行动和命运成为个人解读视野下的意义源泉。而对于收视了所有节目的观众来说,则可以从大文本的角度来看整个大故事的层层推进,主角是逐渐显现出来的,即从诸多选手中逐渐脱颖而出的。综观上述两方面的特点,本文认为《超级女声》是一部大故事套小故事的超级叙事作品。

2.《超级女声》的多义性、含混性:是喜剧?还是悲剧?

传统文体学把叙事文本按照悲剧、喜剧、悲喜剧、正剧等四种类型来划分。从这个角度来看,我们可以发现"超级女声"是一个多元、含混的文本:它既是喜剧,又是悲剧,也是正剧。原因在于,如图附1所示,观众既可以把所有的《超级女声》文本看做是一个整体性文本,又可以将其进一步划分为三个"中文本"和若干个"小文本"。如果将其看作一个文本,那么我们可以发现《超级女声》是一个正剧文本,故事主角——英雄偶像在一场激烈的竞赛中经历诸多磨难、逐次打败对手,最后走向"大团圆结局":成功加冕。

但是,如果我们从"中文本"的视角来分别审视"海选"和"晋级""总决赛"三个文本,我们会发现其不同的审美特征,这一点已经为观众反馈所印证,即不少论者提出"海选"具有"审丑"的美学倾向,观众们的最大审美快感不是来自优秀选手,而是来自一些举止怪异、水平拙劣的选手,如"红衣主教"。笔者认为,我们不妨把"海选"文本看做是一个"喜剧"文本,它的本质就是"审丑性"的;在这个文本当中,故事主角是"小丑",而不是"英雄偶像";其叙事具有非常强烈的喜剧意味:舞台是简陋的,主角的行为是原生态(生涩、怪诞)的,评委率性点评、无情嘲弄,观众看到了"无价值之物"(不会唱歌)被驱逐,主角在嘲笑声中退出舞台。也就是说,"海选"的故事本身是喜剧,是悲剧英雄偶像尚未浮出水面之前的喜剧时代。这也就是不少论者提出的《超级女声》"海选"文本体现了"文化审丑"的症结之所在。"海选"文本确实是"审丑"的、喜剧性的,而且必须是"审丑"的、喜剧性的,这是由叙事规则决定了的,而且这也是其叙事学意义上的合理性和必要性之所在。

如果说早期《超级女声》的"海选"文本成为人们所指斥的文化"审丑"(喜剧)的话,那么在节目前进到随后的晋级比赛时,《超级女声》已经重新回归大众化的"审美"轨道。随着"英雄/偶像"终于成熟、浮出水面,《超级女声》转型了,故事的主角已经由"小丑"转交到"英雄偶像"身上。不难发现,"晋级"故事、"总决赛"故事蕴涵着一股浓烈的悲剧意味:从"海选"中脱颖而出的一批"小"英雄/偶像在追求自己的梦想过程中遇到了强大的敌手,不断地被淘汰。对于每位"小"英雄/偶像的拥护者("粉丝")来说,他们看到了自己心目中的英雄经历磨难之后却含着泪光、壮志未酬地退场("英雄之死")。从这个角度来说,《超级女声》具有非常典型的悲剧故事色彩。

英雄的故事显然需要一个华丽的舞台,在进入悲剧审美阶段之后,观众可以看到叙事手法已经转型:华丽的舞台、严格包装的形象、偶像化的表演,一场"群英大会"开始上演,诸位英雄偶像在舞台上展开了一场光明正大的较量,在一轮轮的竞赛过程中,一位位英雄被推向最后的决战台(PK 台),经历一次次成功路上的艰难险阻,一位位"小英雄"先后败下阵来,以悲伤的眼泪告别舞台(被建构成一个个连续不断的悲剧事件),直至最后的王者在舞台上成功加冕。在这两个"中文本"层次的故事中,每个"小文本"都可以被当做悲剧来解读(表征为煽情的眼泪)。当然,假如从"大文本"的视角来看待整个文本,当我们接受最后获胜者的加冕典礼时,我们看到了"正剧性"的故事大结局。

综上所述,《超级女声》是一个多义、多元、开放性的文本,向观众敞开了多元化的解读潜能;它既是喜剧,又是悲剧,也是正剧,这取决于观众的解读视角。从接受美学来看,《超级女声》的观众群可以充分自主地抉择自己的解读视角和情感认同,收获快感与意义。

三、"文本间性":《超级女声》的叙事"母题"

"母题"(motif)是民间文学研究的重要范畴。所谓"母题",是指蕴涵在文化中的、反复出现的一些重要的意象、事件、场面、思想或观念,它与特殊的民族文化心理、人文意识等息息相关,成为人类文化不可分割的一部分,并且在不同的历史语境中时常以不同的面貌重复呈现。"母题"现象在民间传说中极为普遍,如公主、女巫、寻宝、报恩等。叙事作品主题是可以无穷多的,但叙事母题的数量却极其有限。

从"文本间性"(intertextuality)的角度,我们可以读出《超级女声》的这个叙事作品实际上借鉴了大量的传统叙事"母题"。本文认为,从《超级女声》这一叙事文本中,至少可以解读出三类叙事"母题"的影子。

如图附2所示:

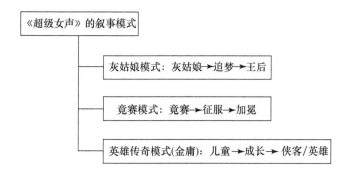

图附2 《超级女声》的叙事模式

1. 灰姑娘的故事

灰姑娘的故事是叙事学者喜欢谈论的一部重要叙事作品:衣衫褴褛、心地善良的灰姑娘整日忍受着继母和姊妹的虐待,但是她仍然憧憬华丽的生活,在神奇教母的帮助下,她终于以自己的舞技征服王子,赢得爱情;除了法国作家贝娄的《灰姑娘或水晶鞋》，关于《灰姑娘》的民间故事存在着几十种版本，它是西方民间文学中的一个重要"母题"；法国学者尤瑟夫·库尔泰曾用符号学方法对该故事的叙事进行了详尽的解读。

　　本文无意于详尽的符号学解读，而是从宏观角度探讨《超级女声》如何契合了灰姑娘的叙事模式。抛开叙述细节方面的若干差异不谈，我们不难发现，《超级女声》所讲述的故事主题与灰姑娘的主题具有密切的亲缘关系：一批名不见经传的当代灰姑娘怀抱着自己的明星梦、发财梦，在神奇助手（湖南卫视、裁判、观众）的帮助下，以自己的演唱脱颖而出，获得公众认可，成名成星。从叙事语法分析的角度来看，故事的"行动元"进行了必要的置换，即，主角：灰姑娘——女生；助手：湖南卫视/裁判观众；社会地位升迁：明星。从这一视角的解读来看，我们不难发现《超级女声》实际上讲述了一个当代的"灰姑娘"故事，成为罗兰·巴特意义上的一个典型的当代"神话"。

2. 竞赛母题

　　美国传播学者丹尼尔·戴扬与伊莱休·卡茨在《媒介事件》一书中提出了"媒介事件"的三种类型：竞赛、征服和加冕，并且认为这三种叙事模式并非完全隔绝的，而是紧密相连、互相渗透的。例如，就阿波罗登月事件来看，媒体的叙事脚本包含了三种模式：首先是美苏之间的航天竞赛，随后是美国对月球的"征服"，最后是宇航英雄受到社会和媒体的加冕、再加冕。戴扬与卡茨认为，"竞赛"普遍存在于人类游戏活动中，是建设以规则为基础的社会机制的训练场；"征服"同样是一个原始主题（母题），英雄重塑社会规则，展示自己的超凡魅力（Chrisma），观众扮演见证者的角色；而"加冕"则是一种古老的仪式活动，旨在唤起和重申社会的基本价值，并唤醒人们的注意和参与。在戴扬与卡茨看来，大量的电视新闻叙事中都援用了这三种叙事结构的某一种，抑或融合几种模式于一体。

　　援用戴扬与卡茨的叙事解读模式，不难发现《超级女声》这一叙事文本实际上融合了"竞赛""征服"和"加冕"三种模式，整个叙事文本的结构可以简化为："超女"们通过参与特定游戏规则的一系列"竞赛"，逐步"征服"了观众，获得认可，最后接受电视的"加冕"——获取桂冠和奖励。从采用这种叙事模式的社会效益来说，通过竞赛，我们建设了一套娱乐的新规则，即被命名为"民主娱乐"（democratainment）的新规则；同时，"超女"在竞赛的过程中展现了她们的超凡魅力,通过征服观众的情感认同,确立了颠覆"精英娱乐"的"民主娱乐"的崭新社会规则;最终,通过获奖/加冕这一仪式性的命名活动,唤起和重申了我们今天的娱乐偶像崇拜的基本价值秩序。

3. 英雄传奇

金庸的武侠小说成为中国当代文学史上的奇观。为了解开金庸作品的叙事奥秘,学者们进行了大量的研究,发现金庸小说援用了大量的中国传统文化的叙事母题,例如寻宝、寻父、复仇、驱魔等,并进行了成功的结构化。在其众多的母题中间,"英雄成长"母题是一个重要的类型,即讲述侠客的"成长—成才—成功"的故事:幼小的英雄(幼稚、没有任何武功)历经奇遇与磨难(拜师学艺、偶得武功秘籍),修炼得道成为侠客英雄(武功举世无双,为天下人称颂)。英雄成长故事实际上是中国传统文化中的核心叙事母题之一,而《超级女声》只不过是这种"英雄"传奇的又一个现代版本。

虽然《超级女声》的故事/叙事时间非常短暂,但却完整地再现了英雄偶像的成长过程,成为一个高度浓缩的、简化的成长故事,即从一个籍籍无名的、未加雕饰的业余爱好者,经历残酷的擂台考验、商业武器的包装、高手(评委)的点拨,逐步成长为成熟的歌手、万众瞩目的英雄偶像。这一模式不仅凸现在本文的结构分析中,而且也表现在主持人、选手潜意识的一种话语模式里:"一路走来,我觉得某某某越来越成熟了","经过这次比赛,我觉得自己越来越成熟了",等等。从叙事本文的情节来看,我们完全可以把比赛看作是一次次高手间的血肉搏斗,就像"华山论剑"一样的"群英大会";尤其是"PK"模式,再现了英雄传奇中的生死决斗主题。《超级女声》在建构这样一个浓缩的现代"英雄传奇"的过程中再现了中国人的审美文化、心理偏好。

四、讲故事的奥秘:《超级女声》的叙述技巧分析

上文从宏观层面对《超级女声》这一纪实叙事文本的叙事素材的"结构"进行了分析,但是正如荷兰叙事理论家米克·巴尔所述:"文本分析的目的不在于说明写作过程,而在于说明接受过程的状况。叙述文本是如何以一定方式打动读者的,为什么我们会发现同样的素材由一个作者表现出来

如此成功,而经由另一位作者之手却显得非常平庸?"要回答这个问题,我们必须进一步解读《超级女声》的叙述语法,解析它所使用的各种叙述技巧。

假如把《超级女声》看做是一出"真人连续剧"的话,我们可以发现它运用了大量有效的叙事元素。下文将从几个方面具体阐述节目中所使用的一些典型的叙事技巧。

1. 人物角色

从《超级女声》这一叙事文本的角色分配来看,我们可以从中发现下述几种类型:主人公(选手)、仲裁人(评委)、助手(观众:现场歌迷、场下歌迷)、协调者(主持人)。从叙事语法的角度来看,这些人物角色在叙事中扮演着特定的功能,可以转换成特定的结构图式,如图附3所示:

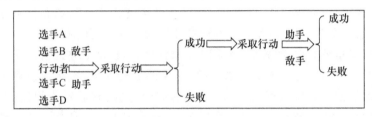

注:本图用A、B、C、D代表所有选手。

图附3 《超级女声》的叙事模式

从图E我们不难看出,这一图式是大量经典叙事的情节模式,也是《超级女声》叙事的"表层结构"。按照普罗普对"行动元""功能"的界定来看,《超级女声》中的不同人物实际上扮演着不同的角色,发挥着不同的功能。其中,每位选手既扮演"动者/主人公"的角色,又扮演其他"行动者/主人公"的"敌手"的角色,因为他们之间处于对立的竞争关系。评委既扮演"仲裁人"的角色,对选手进行仲裁;同时又扮演潜在的"敌手"或"助手"的角色,这取决于特定观众的解读视角。例如,如果选手A是某位歌迷眼中的主人公的话,那么评委对于选手A的褒奖将有助于选手A的成功,因此这时评委便被解读为选手A的"助手";如果评委对选手A进行了批评或者评价不高,那么评委的行为便被解读为主人公/选手A前进的阻力,成为选手A的"敌手"。事实证明,正是因为作为"仲裁者"的评委既可能是"助手",又可能是"敌手",所以他们最容易遭到持特定解读视角的歌迷/观众的诵毁和攻击。而观众(现场的、电视机前的)则扮演着主人公"助手"的角色,即帮助主人公克服强敌,继续前进。作为一个叙事文本的《超级女声》的独特性就在于,不仅是文本内存在着可见的"助手"/观众,而且还跨越了文本的疆界,沟通文本内外,因为场外的观众也可以通过投票而成为选手的"助手"。节目主持人在文本中仅仅承担"协调者"的角色,从功能角度来看,既不是主人公的对手,也不是其助手,所以他们也不太容易成为歌迷和观众的诋毁对象。

除了上文所分析的各种角色之外,我们还可以从《超级女声》的文本中发现其他类型的角色,正如我们可以从"小文本""中文本"的层面把"海选"文本看做是喜剧文本一样,因为这时候作为节目主人公(heroes)的英雄偶像形象还很模糊,她们在小文本层次的叙事中还不是耀眼的主人公,其锋芒被一类更具特色的角色类型——"小丑"所掩盖。从接受的角度来看,与正面英雄相对的这些丑角成为叙事的核心"行动元","小丑"的滑稽表演成为观众宣泄对"无价值之物"和"丑行"进行嘲笑、挖苦乃至鞭挞的绝佳契机。在裁判的尖刻嘲讽声中,观众可以领略到一种虐待狂式的喜剧快感。事实上,每个时代、每种文化都有自己的著名"小丑",当代文化亦不例外,在美国是孔庆祥,在台湾是许纯美,在大陆则是"红衣主教",他们具有独特的娱乐价值——令人开怀一笑的价值。许多评论谈及"海选"阶段存在着对"少女尊严的践踏",实际上是以悲剧审美的眼光来解读一个喜剧文本,出现了审美视角选择的"倒错",如同我们说叙述者和读者践踏了"小丑"的尊严一样。从叙述功能的角度来看,"小丑"本身是中外叙事传统的一个重要"母题"。

2. 叙述动力和喜剧冲突

作为一个叙事文本,故事的发展必须有内在的动力,而戏剧冲突就是故事内在发展的重要推动力。在《超级女声》中,主人公的内在愿望——打败对手、赢取桂冠——成为叙事的主要动力。在这一动力的推动下,各个角色之间必然产生紧张的戏剧冲突,如何将这个冲突过程张弛有度地叙述出来,就是叙述者需要解决的一个重要问题。《超级女声》在建构戏剧冲突方面突破了传统综艺节目、歌手大赛的陈规,即"演唱+评委打分"的这一叙述模式:叙述节奏过于平均、平缓,缺乏尖锐的矛盾冲突和悬念。从接受心理学的角度来说,一群人之间的展示性竞赛的精彩程度远远不及两个人之间的激烈对搏。《超级女声》的叙述者在营造冲突和悬念方面颇具匠心,对叙述节奏进行了重新的调度,即从平缓的走场演唱渐次过渡到极具冲突性的两位选手之间的"PK",把矛盾冲突推向顶峰;通过这一策略,文本的戏剧冲突发展到高潮。因此,我们可以把任意一个《超级女声》"小文本"的情节发展都看做是一个从发生、发展到高潮、结局的完整故事。

3. 叙述时间和叙述节奏

大自然的万事万物都有着自己的发展规律,这种规律往往表现在其变化的速度和节奏之中。作为一种人类活动的叙事活动也必须要遵循特定的规律,适应人类主体的接受心理。因此,考察叙述行为的速度和节奏是叙事学的一个重要研究视角。速度和节奏本身都是时间概念,在探讨《超级女声》这个叙事文本的叙述速度和节奏之前,需要首先分析该文本在叙述时间上的特点。叙事作品包含两个层面:故事与文本,前者是指在叙事作品中提取出来的、按照时间和逻辑顺序排列的一系列事件,后者则是指叙述故事的影像。叙述者实际上要处理两个时间之间的关系:故事时间和叙述时间。

从宏观角度来看,在"海选"阶段,《超级女声》的故事时间=文本时间,因此,故事的发展速度平缓、单调,节奏感非常弱,这也是诸多评委、观众对海选的一种普遍感受,有不忍卒读之感。而进入"晋级"和"总决赛"阶段之后,《超级女声》的故事时间和文本时间的关系已经变化,由于增加了观众短信投票以及选手们在台下开始参与主办方的排练,每一期《超级女声》的实际故事时间已经延长为1周,而文本的叙述时间则仅仅为4个小时,文本时间大大短于故事时间,因此叙事的速度总体来看已经大大提高,叙事的节奏感也随之上升,这样,文本的总体叙事节奏又回归了叙事美学传统。

通过进一步考量故事时间和叙述时间之间的关系,我们可以把握整个叙述的内在节奏。就《超级女声》的每一个"总决赛"文本来看,通过使用省略、概述、减缓、停顿等叙述策略,文本的叙事节奏体现出一种张弛有度的特点:对于选手在4小时舞台时间之外的活动,往往采用概述与省略的方式;对于4小时舞台时间之内的活动,即便看似故事时间等于文本时间,但是叙述者仍然制造了一种内在的速度变化,创造一种节奏感,例如通过插叙、追叙等手段补充舞台故事之外的事件,又如通过广告插播打断叙事,通过大众评审投票进行叙述"延宕",以及揭开短信支持票数时刻意营造悬念、制造冲突的紧张气氛,等等。通过采用这一系列的叙述手段,每期节目讲述了一个从发生、发展、高潮到结局的流畅戏剧;同时,其"嵌套"式的叙事结构又决定了一个故事的结局将会成为下一个故事的开端,如此层层推进,直至最后的大结局产生,从而形成总体叙述节奏的波澜起伏、引人入胜。此外,《超级女声》的叙述从总体上来看借鉴了章回体小说式的结构,每周一期的叙述密度不失为适应现代生活节奏、心理节奏与节目的商业节奏的最佳折中方案。

4. 叙述手法

在叙事方面,《超级女声》并不是平铺直叙的文本,而是不断调用"预叙""追叙"和"插叙"等多种手法,达到了叙事的张弛有度、跌宕起伏。文本中不难发现这些技巧在各个叙事单元中的表现,例如在节目叙事开始之前或叙事停顿的间歇期间(节目间歇的一周时间里),通过广告、访谈、新闻等方式预先提示下一个节目单元的若干故事发展,如仲裁人评委的替换、下一期节目的可预期进程等。这一手法既可以引发悬念,促使观众对文本保持兴奋,产生收视的期待,又可以提示未来故事发展的若干规则。

节目还大量使用"追叙"的手法,重叙过去的情节,如当一个选手在经历"PK"而失败并将要离开舞台时,这时叙事时间停顿了,故事不再继续向前发展,而是开始"追叙"选手参赛以来的片断剪辑(VCR)。通过"追叙"来回顾主人公的"追梦"历程,通过将主人公的艰辛奋斗历程与其即将面临的淘汰命运并置,营造出悲剧效应这是节目中最为煽情的环节,它收到了最大的叙事效应:这时文本被表征为舞台上下的眼泪和悲伤,叙事借此达到一个叙事单元("小文本")的高潮。

"插叙"手法也是《超级女声》文本中最为常见的一种叙事手段,文本的叙事主线是"行动者"(选手)遭遇敌手。"采取行动"、获得帮助或受到阻碍、成功或失败;不过,在主线之外,叙述者大量补充了"插叙"内容,例如主人公从小到大的照片、主人公与家庭的小故事、主人公舞台下活动的花絮等。这些"插叙"性、"补叙"性元素,服务于主线叙事要建构的主人公的圆满形象,具有说明、解释、指示和强化意义的作用。叙事通过对亲情、友情等人伦的渲染,唤起了观众的认同。

五、《超级女声》是一个后结构主义文本："可读文本"——"可写文本"

法国当代著名文论家罗兰·巴特在其名著《S/Z》中将叙事文本分为两种类型："可读文本"（引人阅读之文）与"可写文本"（引人写作之文）。所谓"可读文本"是指接受者不可能再创造的文本，它只能被作为被动接受者的读者"消费"，而不是"生产"；在这种古典的可读文本中，作者被视为其作品的永久主人，而读者则被纯粹看做是仅仅拥有使用权的人。而"可写文本"则与读者的"生产"有关，它是在读者的参与下形成的；读者是文本的生产者，而非消费者。在这个前提下，巴特庄重地宣布了文本的"作者之死"。

罗兰·巴特对两种文本的划分有其独特含义：一方面申明了他的创作观，即他厌恶封闭式的叙事文本，而推崇一种开放、多元的叙事风格。在他看来，大量古典作品都属于封闭的"可读之文"，唯有少数当代作家的文本属于开放性的"可写之文"。另一方面则表达了其接受美学思想，认为我们应该颠覆既往文学研究树立作者权威——总是追寻作者的表达意图——的文本解读倾向；更加重视读者的主动性——不是被动地接受作者所虚构的世界，而是在解读文本过程中积极生产出意义。

根据巴特的理论，笔者认为《超级女声》在两个方面表现出典型的"可写文本"的特征：

（一）文本解读实践表明，《超级女声》具有明显的多义性和开放性，不同接受者在观看这档节目的过程中把自己的不同理解写入了文本中。典型的解读模式包括：（1）"狂欢"说，即认为《超级女声》是一次全民的狂欢活动，"零门槛"、"想唱就唱"的口号已经转变为一次全民性的电视狂欢活动，《超级女声》成为2005年的中国娱乐"狂欢节"。（2）"恶俗"论，以高雅品位和精英自居的论者将《超级女声》解读为品味低下、庸俗无聊的文化垃圾，是需要清除的精神污染物品。（3）"民主娱乐"说，民粹主义者们则认为《超级女声》真正地体现了娱乐领域的民主化，再现了民主政治领域的金科玉律："宪政原则"和"程序正义"。总而言之，一个文本，多元解读，《超级女声》不是被"消费"，而是被"生产"；作者的意图被悬置了，只有意义的"延异"（difference）和"撒播"（dissemination）。从这些读解当中，我们可以清晰地感受到《超级女声》的"可写性"。

（二）《超级女声》是一个作者与读者共同参与写作的开放性文本，节目的流程就是观众读者的写作过程。从这一视角来看，《超级女声》的"可写性"已经逾越了罗兰·巴特意义上的"书写"，即读者在解读过程中的书写（发生在大脑意识中，或者批评文本中）；而进一步转变为更加真实的书写，即，除了意识性书写之外，观众还通过手机短信、网络评论来书写（投票、评论），并且其书写本身成为决定文本未来发展的决定性因素。文本主角的命运取决于"读者"的书写行为，而不是"作者"。在这儿，我们发现了罗兰·巴特的预言应验了：《超级女声》的"作者（制作者）死了"，仅留下一些依稀可辨的"踪迹"；或者说，读者就是作者（通过投票操纵比赛进程），而作者却变成了读者（主办方、裁判必须顾及网络表征的民意，舍弃自己的独断意志）。

作为一个纪实性叙事文本，《超级女声》借用了美国一些电影、肥皂剧、"真人秀"的"可写性"叙事手段，即节目并非由制作者一手操纵，而是吸收了观众的力量来介入故事的叙述；故事情节的发展有赖于观众的书写，而不是让观众被动地消费。即便与同样具有"可写性"的《美国偶像》、《残酷一叮》等节目相比，《超级女声》在可写性方面也毫不逊色，甚至远超于它们。

可以说，《超级女声》以其"可写性"而成为一个经典的后结构主义文本，成为一个民主的文本、读者的文本；因其"可写"，从而导致了观众的深度"卷入"，进而表征为令人叹为观止的收视率和欣赏指数。它的成功告诉我们，学会用民主的思维和程序说话，是一门至关重要的学问。

六、结　　论

对于电视节目制作来说，题材选择的问题，就是如何选择具有优秀审美品质的故事素材；而"讲好"故事是一个叙事学的问题，它关系到如何把一个潜在的"好故事"讲得绘声绘色、引人入胜。从上文的分析中我们不难看出，《超级女声》选择了一个好的故事题材，而且很有技巧地把它讲述得张弛有度、高潮迭起。《超级女声》的成功告诉我们，探索电视叙事的奥秘不仅是一项理论任务，而且也是提高媒体叙事技能的重要前提。

案例四

媒介与社会性别：山西省 Y 村留守妇女日常生活中的手机使用

[本案例引自北京大学深圳研究生院财经传媒 2014 级硕士研究生张燕的学位论文。作者运用深度访谈和参与式观察的方法，描述了家乡山西省 Y 村的妇女在家庭生活、休闲生活中以及工作中的手机使用，佐以她们在社交媒体上的自我展示材料，研究者从社会性别角度探讨手机对她们的意义。本书作者做了必要的删节]

一、研究问题及研究背景

改革开放以来，随着我国工业化、城市化进程的加快，大批农村劳动力进城务工。农民工是我国在当前城乡二次元体系之下呈现的一个临时性的特殊群体。截止到 2015 年 2 月，全国农民工人数已达 2.74 亿，其中外出农民工为 1.68 亿人口，成为中国工人阶层的主要构成（中国网，2015）。但是城乡分割和户籍制度的限制以及城乡资源分配的不合理，使得他们无力解决住房、孩子读书等许多生计问题，致使许多农民工只能选择把父母、妻子、孩子留在农村老家，导致农村出现了一个庞大的农村"留守妇女"群体。截至 2014 年，我国的留守妇女人数为 5000 万左右。

过去，学者认为留守妇女的生活最引人注目的特点是她们所承担的"三座山"：精神负担重、安全感低、劳动强度大，虽然在政治、经济等方面获得了很大程度的解放，但在内心深处却仍然固守着传统的男尊女卑、男主外女主内等思想，将家庭、丈夫和孩子视为生活的中心，自卑心理和依附心理严重，其自我意识中消极的因素最多。笔者出生在山西的一个乡镇，根据笔者的观察，该群体的生活貌似并非如此。另外，媒体叙事中的"她者"形象的构建和主体性"失语"情况也较为严重，传统媒体对于该阶层的描写高度类型化并存在明显偏见,拉大了城市阶层与该阶层的心理距离和平等对话的可能性。在传统PC互联网时代,留守妇女虽然有一定的表达权,但因为设备昂贵,媒介素养偏低等原因,该阶层始终不能全面并且主动地表达和建构自己的主体形象和争夺自己的话语权。智能手机以其价位低、操作相对简单等原因在一定程度上满足该阶层物质、社交、文化娱乐等方面的需求,可能会对该群体的日常生活实践、主体话语权的争夺和社会网络的建立等发挥非常重要的作用。

正如笔者在家乡的观察所见,在丈夫缺位的情况下,留守妇女通过使用智能手机,形成自己的社会网络,从事各种休闲娱乐活动。对于她们和她们的丈夫来说,手机为他们提供了及时的信息交流和家庭联络,手机还承载着其他的特殊意义。

本案例试图以留守妇女口述的地方生活描述作为主要分析资料,通过对她们手机使用的微观透视,回答以下几个问题:

(1)留守妇女在家庭生活中手机的使用;
(2)在休闲生活中的手机使用;
(3)在工作中的手机使用;
(4)手机行为背后的意义,从社会性别的角度来探讨留守妇女在多大程度上获得解放和赋权。

二、研究对象与研究方法

(一) 研究对象

为能更细致、深入地了解留守妇女的工作、家庭生活、娱乐休闲及期间的手机使用,笔者在研究方法上采用深度访谈与参与式观察相结合,参与到她们日常生活与工作场所中,在互动中观察她们的手机使用。笔者深度访谈15名留守妇女,此外还选取留守妇女的朋友、丈夫、婆婆、邻居进行访谈以佐证资料,从侧面更进一步了解留守妇女的生活环境和生活情况。该15名留守妇女中,最大的47岁,最小的只有21岁,其中10位初中专毕业,1位中专毕业,4位为大专毕业,1位高中毕业。15名妇女中3位妇女纳婿上门,因此与娘家同住,另外12位妇女与婆家同住。15名妇女中有7名有工作或为个体经营,另外 8 位为家庭主妇。15 名留守妇女中有 14 人育有子女。另外,15 名妇女使用手机的平均年限为 7、8 年,大约 3 年以前更换智能手机。

Y 村位于山西省晋城市的最南部,地处太行山巅。全村面积约 8.75 平方公里,耕地面积 3276 亩,村里有 11 个村民小组,830 户,3600 口人。全村的主要产业为种植业和养殖业,村集体年收入为 200 万元,村民人均收入 8500 元。全村男女人口比为 56∶44。全村 80% 的家户安装有无线或者宽带。10 年以前,依赖于比较丰富的煤炭资源,镇上及周边村落拥有自己的煤矿,产生经济效益的同时解决一部分村里的劳动力。但自从煤矿整合以后,集体经济失去了支柱,村民也无处就业,所以越来越多的村民选择外出务工。目前,村里 70% 的男劳动力外出务工,留守妇女平均年龄为 35 岁左右。Y 村的留守妇女学历普遍较低、多为初中或高中学历,部分选择做家庭主妇,部分经营自己的事业,也有部分介于两者之间,虽然生活中是家庭主妇,却拥有网店。Y 村智能手机的普及率很高。年纪较轻的留守妇女几乎人手一部,智能手机的作用与意义更加明显。另外,Y 村为笔者家乡所在地,比较容易入场,减小研究难度。

表附 1 以下为 15 位留守妇女的基本情况

编号	姓名(化名)	年龄	文化水平	结婚时间(年)	生育情况	工作情况	家庭结构	丈夫外出时间	丈夫回家频率(次/每年)
1	翟玲	34	初中	11	2 子	无	主干家庭	3 年	4
2	庞兰	39	初中	18	1 女 1 子	婚纱摄影楼员工	核心家庭	4 个月	
3	赵玲	38	初中	17	2 女	无	核心家庭	5 年	2
4	桑	40	大专		2 女	Y 村妇女主任	核心家庭	2 年	4
5	周	25	初中	5	无	自主经营理发店	主干家庭	2 年	8
6	张	30	初中	10	2 女	无	主干家庭	3 年	1

续表

编号	姓名（化名）	年龄	文化水平	结婚时间（年）	生育情况	工作情况	家庭结构	丈夫外出时间	丈夫回家频率（次/每年）
7	王	26	大专	3	1女	化妆品店	主干家庭	2年	12
8	石	21	中专	2	1子	无	主干家庭	5个月	
9	张勤	47	初中	28	2子	无	核心家庭	5年	两年未回
10	关	40	初中	19	1子1女	无	核心家庭	3年	2
11	耿	36	大专	13	3子	幼儿园教师	主干家庭	3年	4
12	小娜	30	初中	10	1子1女	无	主干家庭	1年	4
13	小静	26	初中	5	1子1女	自主经营服装店	主干家庭	3年	3
14	李	29	高中	5	1子	商场柜台	主干家庭	3年	2
15	段	31	初中	10	2子	无	主干家庭	2年	3

（二）研究方法

本案例研究采用的是定性的研究方法，是通过对研究对象的性质和特征的描述和归纳来解释和建构现实的方法（李琨，2009）。相对于定量的研究方法,定性研究方法更关注"意义"的构建过程,即"认识如何赋予自己的生活、经验和外部世界以'意义'的"。定性研究是解释性研究,研究者理解通过语言、声音、姿势、图像和其他社会活动形态所表达的传播行为、过程和意义。定性研究的逻辑是归纳,并不试图对研究对象的群体提供全面而广泛的结论,而是试图探索个体的复杂性。本案例研究将使用的研究方法是深度访谈和参与式观察。

1. 深度访谈

深度访谈法作为一种定性研究方法能够过使访谈人以一种对话方式进入被访谈人的精神世界和内心去认真思索被访谈人是如何建构其自身精神世界并对自己周围的环境赋予意义以期揭露被访者内心的真实想法和过去隐秘的事情。深度访谈是一种半结构式的访谈,目的在于获取对问题的理解和深层了解的探索性研究。深度访谈是本文最主要的研究方法。

2. 参与式观察

观察法是通过观察来获取研究资料的方法。具体来说,研究者深入到被研究者的环境中去,通过实地观察,甚至参与到他们的活动来获取研究资料。为了提高研究的质量和深度,笔者加入观察法,在征得其同意的情况下,对其中3名留守妇女进行参与式观察,参与到留守妇女的日常生活和工作场所中,在互动的过程中观察她们的手机使用情况,以获得更加真实和全面的信息。另外,研究者经过留守妇女的同意添加了所有15名被访者的微信,试图从其社交平台的自我呈现中获得部分有用信息。

笔者共进入Y村两次。第一次笔者于2016年春节期间进入Y村,对身为留守妇女的1号和5号进行预调查。其中,1号为研究者的表嫂,5号为研究者幼年伙伴。在此期间,研究者也对村民进行访问,然后根据前期预调查的回答情况调整问题。2016年4月中上旬期间,研究者再次进入Y村,进行为期12天的访问和观察,期间对15名留守妇女及她们的丈夫、子女、邻居等进行深度访谈,并对其中3名留守妇女进行参与式观察。15位留守妇女中,1~8号为笔者通过滚雪球的方式获得联系方式并完成采访,7~15号则是在妇女主任的引荐下进行采访。对15位留守妇女的采访多在各自家中进行,少数几位在工作地点进行。对于其亲戚朋友的采访也多在家中进行。

三、研究发现

(一)留守妇女家庭生活中的手机使用

家庭结构对留守妇女的家庭生活具有非常大的影响,所以研究者先就 Y 村的家庭结构作简单介绍。在 20 世纪 70 年代发起的计划生育政策和现代化思想的双重影响下,Y 村的家庭结构发生了很大的变化:在父母小于 60 岁的家庭中,家庭的子女多为两到三个;其中一个子女婚后会与父母同住形成主干家庭,其他子女则会单独居住成为核心家庭。所以小家庭模式逐渐取代了传统的大家庭。研究者在本次 Y 村的调查中,访谈的 15 位留守妇女中有 5 位来自核心家庭,10 位来自主干家庭。但这种主干家庭已经发生"异化",不再是传统意义上的主干家庭。他们的财政是分开的,但是事权又互相交叉。正如 6 号的婆婆所言:"别看我们在一起住吧,我又不太管他们,他们想买什么就买什么,又不会来找我。自己过自己的就好了。你说,钱人家有钱,挣上钱也是自己花呢"。这种主干家庭实际上是核心家庭与传统意义上的主干家庭的结合体。但是留守家庭的家庭结构对留守妇女在丈夫缺位情况下的责任、压力以及生活状况有很大的影响。

不管是核心家庭还是身处主干家庭,丈夫外出打工,打破了原有的家庭结构,原本完整的家庭中缺失了丈夫的角色,同时也缺失了父亲的角色。因此,留守妇女与丈夫在异地保持互动,同时在家庭生活中履行母亲的责任,还要在娘家和婆家履行子职(女儿的责任)。

1. 留守妇女通过手机与丈夫互动

(1)联系方式

留守妇女与丈夫的交流和互动的主要渠道是手机,夫妻双方都至少拥有一部智能手机,固定电话在很多家庭已经完全被淘汰。联系的主要方式是通话和微信,因为农村留守家庭的文化程度普遍不高,在他们沟通中短信很少使用。手机几乎承载着丈夫和留守妇女全部的交流和沟通,从家庭琐事到家庭重大事务决策以及感情维系。

有手机以后方便多了，老公能随时联系上我了，我不怕不在家的时候错过电话了。还有，智能手机最好的用处是，和在外打工的亲人能够视频聊天，比以前的手机更进一步，不仅能听到声音还能看到图像。——1号

根据1号的描述，手机在促进远距离夫妻的沟通之中发挥着重要作用，是促成夫妻沟通和交流的关键工具。

（2）联系频率

从联系频率上来看，超过一半的留守妇女与丈夫一周至少通话3次以上，微信则随时在线，但是每天会有一段固定的语音或者视频时间。家庭经济条件、结婚时间、留守时间等都是影响夫妻通话频率的因素。

1号和婆家同住，家里算上两个儿子一共六口人。公公身体不太好，只能打点零工，收入很低。丈夫一个人在河南的矿上工作，养活六口人，经济并不宽裕。她说她有大事的时候才会打电话给丈夫，因为长途话费很贵。

5号25周岁，和丈夫结婚5年，没有孩子，丈夫刚刚外出2年，5号自己也经营一家理发店。他们俩联系很频繁，每天都要打三四个电话。11号结婚13年了，丈夫外出3年多，她说"他刚开始出去的时候，隔两三天就打一个电话，时间长了以后就有事的时候才打电话，现在差不多一两星期一个"。

影响夫妻联系频率的另外一个因素是丈夫的工作时间。Y村外出务工的男性多从事建筑、矿井等工作，其工作具有危险性，工作时间长，工作强度大，相比留守妇女要不在家做家庭主妇，或者从事自由职业，所以夫妻联系的主动权掌握在丈夫手里，一般都是丈夫有空的时间会联系妻子。8号的丈夫在外面从事建筑行业，主要工作是打隧道。

我们每天至少会联系一次，一般在晚上。都是他主动给我打电话，因为他的工作很累，也不定时。我平时没事不敢主动给他打电话，怕影响他休息。你说他好不容易下工休息一会儿，我要让他多睡会儿。——8号

相比于打电话联系，微信不需要付出通讯费，并且在时间上有延展性，更受到留守妇女和丈夫的欢迎。在采访中，几乎所有的受访者都提到，她们与丈夫通过微信的联系没有固定时间和频率，可以随时在微信上发送语音或文字，等待对方回复。另外一个夫妻们普遍使用的联系方式是微信视频聊天，对方可以看到彼此，因而将距离拉得更近。但视频聊天技术要求双方同时在场，与通话功能有很大相似，这也限制了该项技术的使用频率。

（3）联系内容

从联系内容上看，双方互动中最关注的话题常常是围绕子女、丈夫以及家庭的生产方面展开。当回答"你们联系的时候一般都说什么"这个问题时，几乎所有的受访妇女在第一反应想到的都是"丈夫在外边工作怎么样，儿子、女儿的身体情况和学习情况"。

大部分妇女在联系丈夫时候，会询问对方最近工作是否顺利，工作量大不大，天气怎么样等。他们还会围绕丈夫的经济收入展开讨论，每次丈夫发工资、工资变动或者将工资给妻子和子女汇款的时候，双方必定会有一次联系。除此之外，家庭的每一笔不小的开支，妻子也会跟丈夫报备，尤其是一些人情开支。受访者2号提到："我的手机上有天气软件，我每天都会关注Y村和老公所在地的天气，变天的时候我会提前提醒他。"

子女的情况也是每次电话联系的必要内容。11号的家里有3个男孩，大儿子上初中了，两个弟弟调皮捣蛋，丈夫每次打电话来都会询问大儿子成绩有没有进步，两个小儿子听不听话等。儿子刚满8个月的8号，就曾提到"他每晚都要跟我视频，一定要看看他的宝贝儿子，又长大了多少，今天哭了没有，然后亲亲他，逗逗他"。

其次，和丈夫讨论较多的还有家庭生产的情况。尤其是春种和秋收时，家庭的农业生产繁重。平时留守妇女很少参与农业劳动，大都是婆婆和公公完成。但是在这两段农忙时期，她们也会加入，同时她们还要照顾好家庭。在外的丈夫在这两段时间也会尤其关心家里的农业情况，与留守妇女的互动明显增加。

当然，双方也会就村庄发生的新鲜事、轶事进行讨论，这些成为双方夫妻生活的调味剂。而对于感情的直接表达很少，更多的是相互的关心和叮咛。年轻夫妻之间会有直接的情绪表达，在笔者对5号进行观察的过程中，其丈夫晚上照例打电话进来，5号就撒娇地表达了思念之情，"老公，我想你了"。农村的夫妻不像城市的夫妻，感情缠绵和细腻，他们多朴实含蓄，被问到这个问题都会害羞。

除了通话和微信沟通，妻子与丈夫的互动还包括妻子异地照顾丈夫的衣食住行。比如15号会在淘宝上为丈夫选购衣物，为丈夫寄送过去，她说："他不会买，也没时间逛街，我有时候看到好看的，就买好给他寄过去。"4号的丈夫在杭州打工，半年回来一次，每次回家和返还工地的火车票都是她在手机上提前给丈夫订好的。

2. 留守妇女使用手机履行母职

丈夫外出务工,妇女被留下来的最主要原因和责任就是照顾好家里的子女。在回答"想过跟丈夫一起出去吗"这个问题的时候,3号答案如下:

现在他爸爸不在身边,如果我也不在身边,孩子们会心里没底,她们会没有依靠,会恐惧。所以我就没有出去,先陪她们长大。我对她们有责任,我们都不在她们太胆小了。——3号

在回答"目前自己最大的烦恼是什么"的问题时,14位留守妇女不管是否有工作都不约而同地提到子女,9号的大儿子已经成家,所以她希望小儿子赶紧找媳妇。其他的留守妇女则希望子女们能好好学习,考上高中或者学习一技之长。而没有子女的5号则希望自己能尽快怀孕。

在Y村,没有子女的留守妇女非常罕见,因为新婚夫妇结婚后的首要任务是生子。家长不允许儿子在婚后的一到两年内外出打工,他们在这段期间必须完成"传宗接代"的任务。根据Y村妇女主任的描述,实际上大部分丈夫在子女懂事之后才离乡务工。而丈夫离家之后,留守妇女对子女的责任增加,以前母亲责任更多落实在养(nurturing),父亲的责任为育(disciplining),现在双重责任都由母亲承担(Awumbila, Alhassan, etc)。

(以前)我家孩子呢,衣食住行都是女人管,大问题还是老公说话管用……比如犯错之类的。——10号

管孩子方面,几乎我承包了,管教也是我管。老公偶尔回来的时候,是我做饭,他接送。——3号

女性主义伦理学家拉迪克(Ruddick)按照儿童成长为人的需要,将母职任务区分为三个元素:"第一,提供维持儿童生命的照顾;第二,给予儿童成长所要的滋养;第三,给予孩子在社会上生存所必备的教育训练。"这部分笔者按照拉迪克的分类,从照顾、陪伴和教育三个方面描述留守妇女在履行母职过程中的手机使用。

(1) 对子女的照顾

母亲在子女们还未出生时就开始付出他们的关心,手机的作用也从一开始就发挥出来。7号在专科时曾经学习幼儿教育的课程,她自己对儿童的成长和教育很关注。怀孕初期,她了解到"怀孕管家"APP,于是下载下来,从怀孕初期开始就关注胎儿的健康。

"怀孕管家"APP就是根据怀孕时间来提醒你需要补充什么营养,应该注意什么之类的。然后分娩之后他会根据孩子出生几天,来提醒你注意黄疸等,孕前孕后都可以帮助你。比如说现在孩子一周岁了,它就会提醒你,孩子应该添加什么辅食啊?孩子应该学会走路了呀等都会提醒你。上面还有其他跟我差不多一起生孩子的妈妈讲她们的故事。——7号

另外,所有的受访留守妇女都表示经常在移动购物网站为子女购置生活用品,包括衣物、玩具等。其中儿子刚满8个月的8号对手机购物的使用率极高。

嗯,我买的吧,都是在网上买的。(人家什么穿的吧都是网上买的。)① 嗯,都是在网上买的。从我孩子生下来到现在吧,我孩子穿的什么的都是在网上买的,呵呵。(很会买,买的也很好。)我也不去逛街,也不买,我妈偶尔会去店里给儿子买点东西,其他都是在网上买的。——8号

8号的儿子还在哺乳期,她行动的自主性很弱。丈夫在家的时候,丈夫可以外出购置必需品等。当丈夫缺位时,手机上的淘宝网等网络购物平台帮助8号在兼顾照看儿子的同时突破距离的限制获得所需。

(2) 对子女的陪伴

一方面,丈夫不在身边,手机帮助妻子与子女之间产生更多互动。比如,妻子会用手机的相机和录像功能记录子女的成长。10位受访者曾提到她们会经常为子女拍照,并且其中7位会偶尔上传至微信朋友圈。比如11号在儿子生日当天和六一儿童节当天分别在朋友圈晒出儿子的照片。当研究者问她为什么会照相的时候,她回答:"都是特殊的日子,想留个纪念。""为子女记录"是留守妇女陪伴子女的一种表现。在数码相机没有得到普及的农村,这项工作通过手机相机完成。

还有大部分受访者提到她们会陪子女通过手机屏幕一起看动画片。因为手机的方便携带性,他们观看的场景可以随意切换。在研究者的观察过程中,就目睹6号在理发店等待头发成色的过程中陪同大女儿观看动画片的画面。6号还提到,"她看我操作手机,自己也学会看了。下次她就会自己点开视频网站浏览。"

(3) 对子女的教育

对于子女已经开始上学的留守妇女,辅导课后作业是她母职的一部分。

---

① 8号受访时,她的邻居在场,括号内为邻居言论。

因为她们的知识水平普遍偏低,这项工作对她们来说常常非常吃力。

像咱们那水平,现在的孩子真辅导不了,你只能看着他写作业。说白了主要靠老师——10号

我大儿子上初中了,数学我还能稍微帮帮他,语文我真的不会啊,每次我就让他背答案,或者留着疑问去问老师。——12号

但3号和6号通过手机上网获得了部分帮助。3号的手机上安装了作业帮的应用软件,女儿不会做的题就会在上面查。而6号会在搜索引擎上面搜索,她表示"如果我不会的题,我喜欢百度,看他们会怎么解。在搜索框内一个字一个字地输入题目,然后看看别人都怎么解的。"

另外,留守妇女对子女的教育还体现在她们对子女在校表现十分关注。6号的小女儿上幼儿园了,她的老师组建了一个微信家长群,平常在群里通知课后作业。6号每天都会通过微信了解小女儿当天的作业情况,然后监督女儿完成。家长和老师也会在群里交流子女在学校的近期表现,至于沟通的频率,6号说她在群里讲话的机会不多,因为"我每天都会去学校接送,有什么问题当面就问了,群里说话多的主要是那些在外的父母,他们想了解子女情况"。此外,6号也会时不时地跟女儿的教师通过手机联系,更多了解女儿的学习情况。

除了以上三方面,研究者在观察中还发现手机可以帮助留守妇女重构其履行母职的方式。

14号的丈夫在深圳上班三年了,平均一年回来两次。他们育有一子,3岁。她在隔壁镇的商场上班,轮休的时候她偶尔去打打麻将,但又必须带着儿子。此时,当她在麻将桌上"运筹帷幄"的时候,她会将手机上的游戏打开,让儿子拿着手机到一边去玩,这样她既完成了她的"母职",又享受了自己的休闲娱乐。

8号的宝宝只有8个月大,因此8号的日常大部分时间在床边度过,宝宝醒的时候她也必须醒来,宝宝哭闹的时候她得哄着宝宝入睡。在研究者观察的过程中,发现8号有一种特殊的"哄孩子"技巧,一边哄孩子,一边使用手机。比如嘴里哼唱了小曲,右手拿着小玩意在宝宝面前晃动,左手拿着手机刷微信聊天。此时8号"身体在场","心理缺席"。

7号的女儿去年断奶,她嫌坐在家里实在无聊,就在她娘家的村里开了一家化妆品店。店铺需要时刻有人看门,女儿在店里时不时哭闹,又会影响生意,所以大部分时候7号将女儿交给父母(更多时候是母亲)和亲戚照看。

店里没有顾客的时候,7号会打电话或者发微信给父母询问女儿的情况,比如是否哭闹,睡得是否安稳,并叮嘱父母给女儿按时喂奶等。在这种情况下,虽然7号不在女儿身边,但是用手机与父母沟通实现"心理在场",也履行了母职。

如上所述,手机的移动性可以帮助留守妇女在一定程度上逃离其作为母亲日复一日的日常职责,使留守妇女在履行母职时可以实现身体和心理的"不同时在场"。

当然,留守在家的妇女还需要履行她们照顾父母和公婆的责任,在丈夫缺位的情况下,她们的这部分责任可能会增加。就研究者访问与参与观察的15位留守妇女,她们与婆家或娘家的手机联系并没有明显增多。首先,对于同村或同住的婆家或者娘家,留守妇女可亲自到场解决问题,对手机的使用并不多。而对于距离较远的婆家,她们交流的机会本就特别少。其次,不在身边的婆家或者娘家不止有一个子女,她们有困难的时候会第一时间向同住的子女寻求帮助,正如5号说的:"我爸家有事的时候肯定找我哥啊,我一个妇女能帮上多少忙。"再次,受访的15位留守妇女的父亲辈拥有手机的人数并不多,他们的活动范围绝大部分时间局限在村庄,同时他们的年龄和媒介知识接受能力限制了他们对手机的使用。最后,拥有手机的留守家庭的父母,留守妇女与他们互动增多的话题多是围绕留守家庭的子女进行。比如上文提到7号的父母帮助7号照顾孩子的情况。父母与留守妇女之间的手机互动因为孩子而变得更多。同时,丈夫外出,留守妇女的父母或者公婆会更关心她们,长辈会将这种心疼转移到孙子孙女的身上,所以在电话联系中,对孙子孙女的关心和提问会增加。比如15号说,丈夫外出以后,父母打电话过来,"一问孩子好不好,二问我生活的好不好,然后再聊聊家常"。

(二) 留守妇女休闲生活中的手机使用

休闲时间是日常生活非常重要的一部分,根据德国学者马克思界定,"休闲就是可以自由支配的时间,这种时间不被直接的劳动所吸收,二是用于娱乐和休息,从而为自由活动开辟了广阔的天地"。对于留守妇女而言,休闲时间是照顾家庭和工作之外的属于自己的时间。首先,留守妇女分为有工作和无工作两种,她们的休闲时间有所差别。其次,子女的年纪直接影响女性为家庭生活付出劳动的时间,也会影响妇女的休闲时间。再次,留守妇女的家庭结构也会影响妇女的休闲时间。主干家庭中的长辈可以分担妇女照顾家庭的工作。

早上做完饭、洗完锅以后大概十点吧,中午11:30做午饭,这中间,农忙的时候我要上地(去地里干活),他爸爸不在。不上地的时候,我儿子在外面干活,我得给他洗衣服,偶尔没事儿的时候就歇歇。中午吃完饭到晚上期间闲,串串门,逛逛街,玩会儿手机。晚上就出来跟着她们散散步,跳跳舞。回家之后九点,洗洗漱漱就睡觉了。——9号

13号有一儿一女,儿子上幼儿园,女儿也已经会独立行走。她与朋友合伙在镇上开了一间服装店,每天女儿交给母亲看管。所以她的时间基本都是在店里。

七点多先把孩子送到幼儿园,送完孩子就散散步,稍微锻炼一下,去山上转几圈,跑跑步。回来以后就去看店了。天黑以后关店,回家吃饭以后就出来跳舞。——13号

除了需要随时随地照顾子女的留守妇女,受访者的休闲时间多为下午和晚上,休闲活动主要包括玩手机、串门、散步、逛街和跳广场舞。但研究者在观察中发现,即使她们所谓的休闲时间,也总是"戴着镣铐的休闲",比如晚上的广场舞时间,她们总是携子带女,在跳舞的同时还需要继续履行母职。

以下部分将从社交互动和个人休闲两方面来论述留守妇女休闲活动中的手机使用情况。这里的个人休闲是指不需要跟其他人交流,独自完成的休闲活动,社交休闲则相反,但不包括与家人的互动。实际上,个人休闲与社交休闲总是交叉进行,并没有明确的时间分野,本案例中如此分类仅为研究方便。

1. 社交休闲活动中的手机使用

关于社交休闲中手机使用的功能,在被访的15名留守妇女中纵向比较分别是:语音通话、短信彩信为第一阶段;QQ和QQ群为第二阶段;微信为第三阶段,微信也是现在留守妇女最常使用的软件。值得注意的是,尽管微博有庞大的用户注册量,15位留守妇女中只有2人使用过微博,并且后来卸载了。究其原因,1号回答"农村人很多都不用会,我身边没几个用的,根本就找不到在哪儿。另外微博对于农村人根本没什么用处,微博上全是明星、电视剧之类的,跟我们没多大关系。你注册每个平台都需要账号密码,太多

容易焦头烂额，除了真正经常用的，没用的应用我都删了。"微博与微信的若干区别导致微博在该人群中被忽略。具体原因有以下几点：首先，微博最开始发端于传统PC端的软件，设备的昂贵限制了留守妇女人群的进入。其次，微博是基于弱关系连接的社交媒体。美国社会学家马克·格兰诺维特（Mark Granovetter）认为个人人际关系网络可以分为强关系和弱关系两种，前者指个人的社会网络同质性较强，即掌握的信息、从事的工作、交往的人群等都是趋同的，人与人之间有很强的感情因素维系，关系紧密。微信基于手机通讯录和QQ通讯录的好友添加和推荐方式，在一定程度上决定和促进了微信的强关系网络的性质。弱关系能促进不同网络的个体之间的信息流动，因而对于求职、求知等具有正面作用，而这个功能对于身处农村的留守妇女似乎并不具有吸引力。第三，留守妇女更关注身边的故事和家庭故事，国家政治和明星娱乐她们并不十分关心；第四，微博的维护需要高质量的内容，也需要较高的媒介素养，这对留守妇女来说比较困难。

受访者最常用的社交软件是微信和QQ，其中QQ的使用比以前少了很多。因为"去年后半年开始发现大部分好友都从QQ转移到微信上了"。另外有7位受访者提到全民K歌。

从使用频率上看，除3号以外的14名留守妇女表示每天都会查看微信，11名表示自己只要有空的时候就会点开微信查看新消息和朋友圈。4号还表达了对自己微信上瘾的担忧。"有时候太耽误工作了，没事的时候就想点开看看人家都在聊什么，朋友圈说什么。"

从使用功能上看，除了联络功能以外，留守妇女们喜欢群聊和浏览朋友圈。群聊的对象多为好友群、工作群和红包群。

我就是跟从小一起长大的朋友一起聊天。每天只要不冒泡，就会问你去哪儿了？是不是丢了，怎么不说话。关系特别好，只要一天没说话，她们可知道你不在啦，就要找我呢。——12号

红包群在Y村非常流行，受访的15个留守妇女都会参与，甚至有人表示"我早上醒来第一件事就是抢红包，晚上睡觉前也要抢一会儿再睡"（13号）。研究者在调查期间也曾加入一个"2元5包红包群"，群里每天的工作就是抢红包，发红包的人每次发5个红包共2元，抢到金额最少的人继续发红包，以此类推，抢完不发的立马踢出群。抢红包从心理学角度分析，类似于赌徒心理，有学者将其戏称为"以机会主义实现社会主义再分配"，人从本能上讲，倾向于以最小的成本获得最大的回报。同时，市场的冷漠、社会分

工的压力等,对生活的不满、对前途的迷茫、对未来的不安等,都让人负担沉重。在红包的世界里,人们可以有"天上掉馅饼"的际遇,所以反复参与其中。

访问者:红包群里的人都认识吗?

14号:大部分不认识,我朋友把我拉进来的,她也是被她朋友拉进来的。

访问者:和陌生人私下会有联系吗?

14号:一般不会。我不会主动加别人,陌生人加我,我一般都会通过,因为他应该是有我的手机号或者从群里或者别人那打听到你的。但如果真的是陌生人,我不会跟他讲话。

从传播内容来看,群聊内容主要是生活琐事、幽默段子等。10号给我展示她晚饭后在军乐队群里与其他成员讨论家里春种情况的一段对话:

10号:吃了没,老大

X:吃了,@10号铲完(玉米)没有

10号:没有,上午去了机器坏了。你呢,铲完了?

X:完了。明天去给我妈家铲,地少呀。

10号:你这个劳动力还很厉害呢!

X:不行啊……

10号的丈夫在外务工,已经两年没回来了。家里有两个儿子,因为经济负担重,大儿子在3年前到隔壁村做了上门女婿,小儿子在村里打些零工。婆家这边的老人已经去世,娘家那边的也年岁已高,所以家里的农活主要是自己和儿子承担,还要协助娘家。对话中的X号也是一位在核心家庭居住的留守妇女,情况与10号非常相似,所以两人的对话围绕农活展开。

微信朋友圈是留守妇女传播内容和社交互动的另一战场。当被问及朋友圈都发布些什么内容时,几乎所有人的回答都是"我都不怎么发朋友圈的",或者要发"也只发我女儿的照片"抑或是"我都是看别人那转的文章好,我就转到自己朋友圈"。那什么是好的文章呢?"能说到人的心坎里的,能点醒人心的。"都是什么类型的?"关于感情、生活、幽默的都有。"研究者观察了所有受访者的微信朋友圈,发现她们朋友圈的共同类型包括情感类文章、子女日常和优惠信息。

情感类文章包括一些讲述夫妻关系或者生活感悟类的文章,比如14号最近的一些文章《怎样度过人生的低潮期?》《保持爱情与婚姻的好习惯》《遇见这10位民国女子,才知道什么是真正的优雅》。14号曾向我抱怨过她对丈夫的不满和她的无奈。

我们俩属于感情基础比较牢固的，分开也是迫不得已，想要有好的生活就必须牺牲和付出，谁也不比谁轻松……可是生孩子、养孩子又不是我一个人的事，我也抱怨过他，觉得他一点也帮不上什么忙，都孩子爸了，应该尽责任了，可还是我行我素，我抱怨的是他没有把家庭放在第一位，错过了孩子的成长……心累是主要的，身体上劳累还是次要的，我俩没有共同的生活目标……我也知道他工作不容易，每天也挺忙，就是不知道他在忙啥……

14号朋友圈的内容真实反映了她的心境和想法，她处于迷茫期，丈夫选择外出见世面、闯事业，将养育儿子的责任全推到她身上。她羡慕那些平平淡淡的四口之家，她不理解丈夫，对丈夫常有抱怨，她很迷茫，"不知道丈夫什么时候回来"，但她努力调整自己的状态，维持这段婚姻和这个"不像家的家"。

在留守妇女的朋友圈里，关于两性和婚姻的话题非常受欢迎，比如如何才是一个优秀的女人，女人生活的不易，怎样的男人才是好男人等。比如在2月14日情人节的前夕，Y村的留守妇女中间流传着这样一条朋友圈：

一个男人爱你，你是妻子，几个男人爱你，你是女人，一百个男人爱你，你是妖精，一千个男人爱你，你是偶像，一万个男人爱你，你是领袖，所有的男人爱你，你是人民币。愿美女们在家是妻子，出门时女人，在单位是妖精，走在大街上是偶像，人堆里是领袖，只要你说话，人人都爱你像爱人民币，情人节快乐！祝愿所有的女神们永远年轻漂亮！

朋友圈转发的这种状态有点类似手机短信，是时代社会生活的心理缩影。根据短信文本的字面意义，似乎妇女很有主动性与能动性，对婚姻生活驾轻就熟，在职场也能够游刃有余。但仔细分析该文本不难发现其中包含了非常明显的社会性别划分，那就是女人的成功必须由爱你的男人的数量来定义！

类似的文本还有一些文章，比如4号分享的文章《夫妻生活，晚上偷偷看！》就讲述了一对恩爱的夫妻的感人故事，文章的刚开头就有如下文字"女人最大的痛苦是什么？""和所爱的人分开。""那女人最大的幸福是什么？""和自己所爱的人在一起快乐地生活。"

除了微信，留守妇女经常用于社交的软件就是QQ和QQ群。相较于微信，QQ是一个同时包含熟人和陌生人的社交平台。比如2号就提到她使用QQ与陌生人的交流。2号跟她的婆婆和兄嫂有矛盾，闹得村里人尽皆知。她不敢跟周围的人讲，害怕流言蜚语，于是在陌生人的网络里排解忧愁。

> 我有烦恼的时候不喜欢跟身边熟悉的人讲，我会跟陌生人讲，随便聊，我就是在网上把这个烦恼解开的。他们愿意听，我就讲，不愿意听我就不讲，反正他们也不认识我。后来遇到几个还不错的人，他们会开导我，慢慢地就解开心结了。在生活中向别人倾诉就会传为闲话，传到别人耳中不好，尤其是我婆婆和兄嫂耳中。——2号

3号也提到她有QQ群，是唱歌兴趣群，群里的歌友唱完歌以后会把自己的作品分享到群里面。但2号和3号都表示转移到微信之后，QQ已经很少用了。访谈中也有受访者提到村里的某些留守妇女因在网上跟陌生人聊天而出轨离婚的案例。

另外一个留守妇女常用的软件是全民K歌。全民K歌是由腾讯开发的一款熟人社交K歌应用①。之所以称为"熟人社交"是因为全民K歌是基于微信和QQ网络的一款软件。用户可使用其微信和QQ账户登录该应用，在推荐中很容易找到同样使用该软件的QQ好友和微信好友，并且使用该软件可一键分享到微信朋友圈和微信群。好友欣赏以后会给她评论和送礼品。在此社交平台上的互动，增进了强关系的发展。

2. 个人娱乐的手机使用

留守妇女个人独处的时候喜欢使用手机干什么？根据被访的15名留守妇女的回答，看微信、逛淘宝、看视频、玩游戏。因为看微信的公众号和朋友圈，在社交休闲部分已经有所涉及，这里侧重分析后三方面。

（1）网上购物——网络支付不信任

所有留守妇女的手机上都安装了淘宝，其中只有2个人表示不经常使用，她们还是喜欢在镇上和县城的商场里买衣服。另外大部分留守妇女会在闲暇时浏览淘宝上的商品样式，看看"最近流行什么""其实跟逛商场一样的，只是淘宝是在网上看的，逛街是去商场里看的"。但被问到在网上购物多吗？大部分表示不多，只有在有真正需要的时候才会购买。而阻碍她们购物的另外一个原因是留守妇女对网上支付的不信任。

---

① 见 http://kg.qq.com

我是不太会往支付宝里打钱。（绑定银行卡了吗）绑定了,但是我对这个东西还是有点不信任,因为你稍微有点搞不透它。但是想到我的身份证、银行卡信息都在里头,我总觉得是不是那些高科技的人有办法窃取咱的东西？一般都是在里面放着几百块钱,有点小东西就买上。但是还是不敢往里面放太多的钱。哪敢把身家性命放这里面？——4号

淘宝没有绑定银行卡,微信就更不会了。淘宝我有淘宝卡,钱不够就去邮政充钱,有需要买的东西才去。卡里的钱一般很少,不过也一直有。微信上太多诈骗信息了——10号

我想买东西一般都是让别人给我网上支付,我给她现金。——5号

访问者：那发红包的钱不够了怎么办？

发红包的钱都是我在红包群里抢的,都是零钱,我发的也不多。如果红包钱不够我就先跟别人借,可以用现金或者红包还他。——5号

留守妇女同其他的农村妇女一样,对网络支付表现出极大的不信任,甚至在一定程度上,留守妇女比一般的妇女在网络购物上更没有安全感,这也是支付宝在Y村不普及的重要原因之一。

(2) 肥皂剧——享受女性叙事的快感

看肥皂剧是留守妇女主要的休闲活动之一。所有留守妇女睡前都会观看肥皂剧。作为家庭主妇的留守妇女也会在午后和下午休闲时间观看,而自由工作者们,比如开理发店的5号会在门店没有顾客的间歇观看。肥皂剧发源于美国,是一种以家庭和日常生活为主要题材的电视剧。它从20世纪30年代以来流行至今。有学者提出肥皂剧是为女性生产的(马薇薇,2005)。她将肥皂剧的受欢迎归结于五个原因：包含了女性叙事,带来大众快感,私人领域公开化,有特有的知识和话语体系,描绘出一种完美的家庭生活。霍布森认为女性并不是仅仅是完全被动、无条件接受肥皂剧的剧情。她们会联系自己身边或者听说过的故事,产生自己的观点和见解。

2号说:"感情很丰富,看到剧中人哭自己也会跟着抹泪。"尽管肥皂剧中多是发生在城市的故事,与她的生活相差甚远,但是主人公的感情问题以及烦恼使她产生移情。

莫德斯基认为,尽管肥皂剧带给女性特有的乐趣,但是却将妇女安置在家庭的私人领域中,这可能安抚了妇女的不满情绪,但是更维持了父权在公共生活和家庭生活中的统治地位。

5号今年25周岁,已经结婚5年。她目前最大的烦恼就是没有孩子。

她在婚前曾经经营一家理发店,结婚以后就在家安心当起了家庭主妇,希望早日获得一儿半子,然而却始终未能如愿,这让她非常自卑。丈夫刚外出的那一两年,5号都不怎么出门,从小一起长大的朋友找她聚会,她也拒绝。她总说,我一个妇道人家天天在外面抛头露面多丢人呢。当时她最爱做的就是在手机上看视频,调节自己的无聊和苦闷,排解自己的孤独感。

(3) 游戏——性别区隔意识明显

8号怀孕之前与丈夫在外一起务工,怀孕之后两人同时返回家乡,与8号父母同住。等孩子3个月大的时候,丈夫又再次外出,但8号必须在家里照顾儿子,因而成为了留守妇女。她说她平时很少跟以前的朋友聊天,因为她和其他人作息已经不能同步。"人家(指朋友)都是上班呢,谁和你说话呢。人家下班以后,着急着睡觉呢,和你也说不了一两句。等你闲了,和人家说话,人家都上班了,你和人家的时间就是不一样。要是都在外面,就是七点都去上班,晚上八点都下班,就能聊会儿天。现在呢,八点孩子闹呢,你就得看孩子,就没有时间和别人聊天了。现在我的时间完全是随孩子。"

对于家里的同学和朋友,她跟她们也没有共同语言。"以前有个女孩,我怀孕的时候还来找找我,我生了以后就不怎么来了。你说我看孩子呢,人家没孩子。我光和她说我孩子怎么了,怎么了,她又不懂。所以我现在天天抱着孩子到上边的邻居家,她也刚生孩子,有话聊。"但是儿子说睡就睡,说醒就醒,她得在床边随时待命。所以她有空的时间就拖拖地,绣绣十字绣,然后就是玩游戏——开心消消乐。在研究者的访谈中,有8位留守妇女会玩这个游戏。相对于其他男性玩家,农村留守妇女在手机游戏使用方面具有明显的"性别区隔意识",这里是指在具体的实践过程中,女性和男性会对实践物品的选择和使用方面有着明显的性别差异意识(李瑞超,2015)。留守妇女对游戏的性别区隔意识主要表现在:第一,手机单机游戏操作简单,互动性不足,她们认为自己应该玩这种"属于女性的游戏"。比如在问到为什么要玩这款游戏而不是其他游戏时,5号说:"他们男人玩的游戏都太复杂了,我看都看不懂,这个简单而且身边的好多人都在玩,挺有意思的啊。"参照身边的男性群体将游戏依照性别维度划分,只玩自己认为应该玩的游戏,不玩男性群体玩的游戏。此外,游戏的难易度、时间需求和金钱花费等也是该群体考虑参与游戏种类的原因之一。第二,该群体的游戏更多是用来调节日常生活的单调、乏味,缓解压力的。游戏是以生活添加剂的姿态进入该群体的生活,并不会在人际交往方面发挥多大作用。

当被问到是否会关注新闻的时候,所有人表示打开浏览器会顺便看一下,或者收到消息推送会根据新闻的主题选择性查看。她们表示的意思大致都为国家政治和国际上发生的事离我们太远了,我不怎么关心,我只关心自己身边的事情。

(三) 留守妇女工作中的手机使用

在Y村,越来越多的女性参与到工作中。有的妇女自主创业成功,翟姓妇女10年前在村里的旧屋中开始经营养鸡场,她的丈夫退休之后才加入。村里的楼板厂也是家里的妇女牵头,一手经营起来的。村里的第一家快递网点也是一位30多岁的妇女在三年前看准了网购的商机,从县城多方打听情况最终加盟。后来其他的快递公司也纷纷在村里开设了网点。有的妇女在村上的个人企业和组织就职,比如到村里的商场做柜员,在理发店做助理等。还有一部分妇女选择和丈夫一起外出务工。

留守妇女因为丈夫外出务工的特殊性,她们在选择工作时也有所束缚,她们从事的工作要求一定的自由度,并且是高度社会性别化的工作(指定女性从事的生产活动),其中3名妇女自己开店,分别经营理发店、服装店和化妆品店,1位是村里的妇女主任,1位在商场站柜台,1位是幼儿园教师,还有另外1位是婚纱影楼的助理,并且7位留守妇女表示她们找工作期间多少受到丈夫的阻挠,他们还是希望妻子在家里照顾子女。子女还在哺乳期的妇女完全没有能力工作。子女可以独立行动且父母辈尚且健康的留守妇女可以在村庄附近寻找到合适的工作。父母辈年事已高或者去世的留守妇女因为要照顾子女无法参加工作。另外,随着智能手机的普及和商家对微信朋友圈人际网络的重视,越来越多的工作需要在网上进行,这也为留守妇女提供了创造经济效益的机会。受访的15位留守妇女中有7位妇女有工作,这一部分主要是关于她们工作体验的描述。

1. 线下工作中的手机使用

41岁的桑玲是村里的妇女主任,她体验到了手机给她工作带来的便利。
以前通知她们开会都是用广播,无线喇叭。后来开始打电话,因为这个是一对一的,更方便一些。后来发现打电话太费钱费时了,一个人一句话,一个人一段话,重复一样的话好几遍。后来我就开始群发短信,手机上建了群发信息群,有舞蹈组、有乐队组,每次发信息的时候,只要编写一次,就可以同时发送出去了。后来我又发现,短信还有点费钱,然后又开始有了微信群,很方便。在开会联络方面,很方便,反应很快。党支部有80多个党员,很多党员在外很远,甚至有在北京的,我就建了一个在外党员群。通知消息的时候,或者交党费的时候,他们就给我发个微信红包,我接收以后就给他们交了。以前收党费我还得跑到他们家,让他儿女亲戚交给我呢。——4号

11号是家里的大女儿,她13年前"娶"了一位丈夫,与娘家人一起同住,2013年丈夫外出务工。11号生有3个儿子,大儿子读初中,另外一对双胞胎刚上小学。因为父母健在帮她照顾儿子,她四年前进入朋友开办的幼儿园担任生活老师,去年开始担任授课教师。她工作中使用手机主要是联系其他老师,晚上回家做完家务,安顿好儿子们之后会在网上查阅一些幼儿园的事务。在访谈期间,11号向研究者请求帮助。幼儿园要准备儿童节的节目,她想在手机上下载好视频,免流量学习,但是不会,故求助于研究者。留守妇女大多文化水平不高,也没有经过电脑及互联网等知识的培训,对许多手机功能并不十分熟悉,只能"边用边学"。

13号特别能干,即使婚后她也不愿在家里坐着。她嫁到了邻村,婆家和娘家距离10分钟车程。结婚前几年她在县城打工,生育子女以后,丈夫外出务工,她就回到了镇上。现在她在自己出生的村上经营一家服装店,所以和女儿常年住在娘家。她说手机给她的工作带来很大便利,"以前进货要去店里面,现在只要在网上看看样板就行。还有一次一个客户过来看衣服,试了以后很喜欢,可是没带钱,我就添加了她的微信让她直接转账给我的。"她平时也会跟客户在微信上聊天,与店里的常客保持互动,客户也会主动问她"这几天店里面有没有什么活动,有没有上什么新品"。

相比于11号和13号,6号的情况并不乐观。她的父亲和母亲几年前相继离世,娘家人只剩一个弟弟。婆婆和公公虽然都健在,但是他们要照顾包括大儿子家的子女在内的4个子孙,实在劳神劳力。再加上6号的文化程度也不高,所以她没有精力,也没有能力去工作。

14号跟他的丈夫是高中同学,结婚前后三年两个人一起在天津工作,"当时的日子非常开心,每天各自上各自的班,回家以后聊天"。但生完儿子之后她就留在了村里。前三年她全身心地照顾儿子,去年年底儿子学会独立行走之后,她就在隔壁镇上的商场里应聘了柜员的工作。她说"生孩子之前她每月工资4000多,现在800。但是总得有一份自己的收入,不管多少,

我也有实现自我价值的需求"。因为每天有固定的上班时间,她白天没有时间照顾儿子,于是把儿子托付给妈妈和婆婆轮流带。上班地点在娘家的镇上,白天母亲替她照顾儿子,晚上由她照顾。14号的工作严禁上班时间玩手机,但她们的工作要求她们要在微信朋友圈里营销。

比如,这种工作的文案一般呈现以下形式:

【XX商场】 集赞活动开始了,集10个赞＋9.9元,即可领取××一套,集20赞＋19.9元,即可领取×××一套。朋友们,赶紧行动起来吧!

朋友之间互相点赞的活动,增加了信息的曝光率。低于物品常规价格的数字又吸引更多人参加活动,这条信息在朋友圈内病毒式地传播起来。薄利多销,商家也获得了高于平日的利润。

2. 线上工作中的手机使用

7号也深刻认识到网络营销的重要性,2014年在她经营实体的化妆品店之前,她就加入了微商团队,自己开了微店,在微信朋友圈和QQ空间里销售化妆品。现在她除了会在朋友圈发布类似商场发布的优惠促销活动之外,还会发布面膜的广告信息。她所在的微商团队有一个微信群,每天团队成员都会在里面交流信息。比如每位微商代理的销售情况,遇到的问题等。群里也会时不时有人发红包,总之呈现一派狂欢的景象。微信群里还有另一项功能就是培训代理成员,团队成员会在群里发布统一的宣传口号,以便最大化地增加产品宣传效果,并且发展更多的下线代理。代理有级别之分,譬如总代理、一级代理、二级代理、三级代理,以此类推,不同级别的代理拿货价不同,级别越低,货品价位越高。代理级别发展的越多,越往上的代理级别获取利润就越高。例如,7号的一条朋友圈内容如下:

　　　　带你走进XXXX童颜面膜
　　　　一次面膜＝100次美容护理
　　　　120元轻松做代理
　　　　买面膜累计数量送平板电脑
　　　　每片均1∶3配送三大赠品
　　　　春季补水最佳搭配

然后在最后搭配9张面膜的图片和赠品图片。微商的宣传还有很多虚假信息,比如7号所代理的面膜声称与《我的野蛮女友2》合作,实际上研究者在电影相关宣传中并没有找到任何相关信息，研究者怀疑面膜的代理只是搭乘电影的顺风车借势宣传一番。当然，这不是本案例所要讨论的重点。

总之，7号在微商工作群里特别活跃，她每天看门店的时间也会时时刻刻关注群里信息。7号参与的微商工作需要交付一定的会员费，并付出很多精力用心经营才能成功。很多留守妇女因为不愿意承担风险，不愿意预交费用，研究者在访谈中发现Y村还盛行其他通过网络获得收益的方法。

1号育有两子，大儿子10岁，小儿子3岁。小儿子出生之前的三四年，1号跟着丈夫在太原打工，在宾馆每月工资2000左右。怀上二胎以后，1号就回到Y村，成为一名留守妇女。她想工作，但是她说自己"没文化，出去也找不到合适的工作，还得出远门"，她需要照顾小儿子，出远门不实际。去年，她从朋友那里了解到一种可以在网上轻松挣钱方法——在微信朋友圈转发文章。她加入一个推广文章的公司，每天都在朋友圈转发四、五十篇文章，这些文章大都有一个耸人听闻的标题和吸引眼球的图片，或色情，或暴力，内容多是社会现象和娱乐新闻。推送一篇文章可以赚4分钱，如果阅读量突破一定数量还可以有提成，她说她这样每个月可以有100多元的收入。"挣得虽然少，总比坐在家里什么都不干强。"但她还是想多赚一些，"现在一个人赚钱根本不够花，买车买房，孩子还要上学"，而且她们家还是有两个儿子。儿子就意味着负担。研究者在观察期间，1号透露她的通讯录里有一位好友在做淘宝刷单生意，每天的朋友圈都会晒她同事的收入截图，1号非常想加入，但考虑到需要提前交纳数百元的入会费，她很担心上当受骗。她希望研究者能够帮助她分析一下，自己是否能够加入。在研究者给她分析利弊后的几天，1号每天都会跟研究者交流，她想要挣钱的渴望和她害怕受损的焦虑表现得非常明显。她甚至将她与直销的对话发给研究者，图中是她在质疑以及对方的回应。总之，1号非常谨慎。

至于有多少人会购买呢？在访谈中，只有2名留守妇女曾经买过微商的东西，并且只会购买自己好友所经营的微商的东西。另外1名留守妇女明确表示她只看好友发布的微商信息。

"我会看，经常买。我买过膏药和口红，化妆品没买过。膏药是给我妈买的，还挺有用的，疗效看人吧。400多块钱3贴。3贴一疗程。（你买产品是因为你能认识买东西的人?）我们玩得不错，我妈妈也正好生病了，就买来试试。他们的微商也是做代销。其实我们也可以加入,只要买够10贴,就可以成为微商。"

"乡土社会里从熟悉到信任。乡土社会的信用并不是对契约的重视,而是发生于对一种行为的规范熟悉到不假思索的可靠性。"朋友圈中的朋友大部分都是熟悉的朋友。愿意付出购买朋友圈中某一位朋友的产品而不是其他人的产品,都买过的人回答的共同点是因为在现实生活中了解或者建立的感情,这种信任可以使虚拟社区中的朋友的产品获得信任。

9号和10号上有年老的婆婆和妈妈,下有子女。她们不仅没办法工作,而且还要承包自己家和长辈家的农活,春种和秋收的时候非常辛苦。她们俩都参加了村里的军乐队,偶尔赚点零钱。10号也会在朋友圈推送文章,但是数量不多,她赚钱的欲望似乎没有1号那么强烈。2号也在手机上参与金融理财项目,每月有固定收益,但是每月有固定的推广任务,所以该项目有网络传销的嫌疑。

四、分析和讨论

(一) 留守妇女的自我赋权和解放

在受访的留守妇女中,使用手机最长时间为11年,最短5年,平均8年,而使用智能手机的年限以2~3年居多。根据她们的描述,也能一窥手机在Y村的发展和传播历史。手机在2003年左右已经进入Y村,当时拥有者多为男性。对他们来说,当时手机除了是一种通信工具也是一种生产工具,他们要利用手机联系生意。到2007年前后,手机开始在Y村普及,越来越多的女性也拥有了自己的手机。此时的手机更多承载的是一种通信功能,只能打电话和发短信。2008年开始,手机QQ开始盛行,很多人开始从电脑端转移到手机端进行社交。一直到2013年底,智能手机传入Y村,此时手机不再具有明显的工具性,并且随着生活水平的提高和农村妇女地位的提升,这次手机更新换代没有明显的性别区分。根据被访留守妇女的讲述,最开始她们使用智能手机主要用于QQ聊天,直到2015年左右她们才从朋友亲戚那里学会使用微信,进而社交的场所从QQ转移到了微信上。值得注意的是,许多留守妇女提到她们比自己的丈夫更精通使用智能手机,很多丈夫使用微信是留守妇女教给他们的。

15位留守妇女都表示,手机对她们的生活用处很大,甚至有些人表示一有时间她们就会玩手机。留守妇女对现代传播通信的手机使用,使她们在一定程度上获得赋权和解放,她们的主体性发生了明显的变化。手机在改变她们的生活世界的同时也在一定程度上改变了她们的身份认同。

一方面,她们获得了媒介使用权。在以往包括广播、电视、电脑等不同发展时期的信息与传播技术之下,设备昂贵的价格、媒介素质的要求等原因使得农村女性在媒介接近与使用的权利方面大大落后于城市妇女。而手机以其低廉的价格、逐渐完善的网络技术手段、相对简单的操作流程等原因使得农村女性在手机使用方面有了赶超城市女性的可能性。留守妇女和城市女性手机的使用场景和使用习惯在很多方面都很一致。比如,手机是睡前最后和醒来最先接触的媒介,她们最常使用的功能都包括聊天、阅读或者娱乐。就家庭内部来说,传统的家庭,男性因其经济地位,在家庭的政治、经济、文化等各领域占据中心地位,这种统治地位延伸到媒介使用上。戴维·莫利的家庭电视研究发现,男性在家庭的电视选择上有绝对的霸权,过分地使用遥控器,随意换台不征求意见,将其喜欢的节目强加给其他人。并且男性喜欢全神贯注地观看电视,不喜欢被打扰,而女性只能在做家务的间隙抽空看电视,还不一定看到自己的喜欢的。对留守妇女来说,丈夫外出,老人和儿女对电视的观看权利上升为第一,而手机的移动性在一定程度上解构了媒介的家庭性,使它成为一个偏私人性的工具,妇女不会再成为家人媒介使用的"陪伴",接受她不喜欢的信息。包括2号在内的留守妇女在访谈中提到,"有时候孩子们要看电视,我就让给她们,我去一边玩我的手机"。最后,丈夫外出务工,工作时间远大于休闲时间,他们使用手机的频率和熟练度都远远不及妻子,所以他们使用的手机价位和品牌普遍比妻子的差。而且很多留守妇女在访谈中提到丈夫只会打电话、使用微信以及看电影,很多功能都是妻子教给他们的,甚至2号的丈夫刚刚从妻子那里学会使用微信,比妻子使用该功能晚了一年多。

另一方面,留守妇女对手机各项功能的使用能够帮助她们排解孤独,减少压力,获得快感,从繁琐的家庭事务中暂时逃离,同时也提高她们的自我认知和主体性。她们在手机上可获得更多之前不可见的信息,在朋友圈和公众号的文章里获得认同和自我提升。她们从网络购物、肥皂剧和游戏中获得满足感。她们在自我展示和与他人互动中提高自我认知,比如留守妇女曾提到，当别人在全民 K 歌上给她送花和评论她时，她感到自己受到了肯定。而她们在手机上进行微营销获得经济收入，或者通过手机的技术增加工作效率、加强与客户沟通以提高收入等活动，她们积累的财富和维系的人脉提高了她们个人的自信心。总之，运用手机联络工作与维系家庭情感，促进了更平等且互补的社会性别关系（包括夫妻关系、婆媳关系等）。

但是新媒体的赋权不是一个单独作用的过程，留守妇女在手机使用的主动性和参与性的增加，与她们独特的家庭结构、妇女的地位提高等都有关系。第一，丈夫在外务工的现状增加了她们使用手机的必要性和熟练度。留守妇女需要经常与丈夫联系，帮助他们异地履行丈夫、父亲和儿子的责任。而丈夫不在身边，留守妇女拥有更多时间使用手机维护社会网络。第二，男女平等的现代文化促进留守妇女地位的提高。农村通过接触媒介信息、获得教育以及向城市流动等途径，获得先进的男女平等的思想，懂得互相尊重，互相理解，妇女的地位提高。第三，农村婚姻市场的性别失衡提高了女性的权力。在 Y 村，适婚年龄的性别比失调，未婚女性在婚姻市场上处于供不应求的地位，娶媳妇越来越"贵"。男人离婚以后很难再娶，而女性再嫁则相对容易。对于丈夫不在身边的妇女们，正如 10 号所言，"婆婆们都害怕她们跑了"，所以尽自己所能地照顾她们。因此，留守妇女有更多的休闲时间。

相比于自己的母亲和婆婆，她们确实在一定程度上获得了自由和解放，但是技术赋权是一个受到社会结构、权力关系、文化规范、身份认同等因素影响的高度情境化的过程。虽然妇女的社会地位提高了，这主要体现在手机的使用权利上，但她们的使用习惯和使用内容已经被收编在长期以来的"男主外，女主内"的社会文化中。这种观念已经内化，并且在手机使用中表现出来。

(二) 社会性别身份在手机使用方面的延续

1. 家庭生活仍受父权主导

在受访的 15 名留守妇女中，来自主干家庭的大部分妇女表示丈夫不在身边，她们的生活比以前清闲，比如 5 号提到自己可以少洗一个人的衣服，不用收拾丈夫"糟蹋"的客厅，因为她一个人的时候只会在卧室行动，另外可以少操一个人的心。而来自核心家庭的留守妇女感觉生活的压力增大了,比如9号表示她比以前更忙了,一是因为家里没有人帮她分担家务和农活,二是因为她要自己做很多决策,比如要保证家里的每一笔钱都花在有用的地方等。

当问到导致这种差别的原因时,9号说"人家当家的在呢"。5号与公公婆婆住在一起,虽然两家的财务上大致分家,但是公公是家里的"当家的",家里的大事小事他都负责。在农村,夫妻中女方称男方为"当家的",在主干家庭中,则最年长的父亲为"当家的"。这个词本身就反映了夫妻间"男主外、女主内"的传统性别分工。

9号处于核心家庭,并且公公已去世,作为"当家的"的丈夫外出务工,9号必须承担起家庭的大小事务,所以她压力很大。这种压力和繁重的工作在她的手机使用中也有所体现。她在与丈夫的通话中经常会就家庭的一些决策向丈夫寻求建议以及向丈夫汇报最近的家庭情况,比如包括人情支出在内的财政支出。另外,因为家里需要处理的事情更多,她使用手机娱乐的时间也没有其他留守妇女的多。

而核心家庭的留守妇女有时间和精力去娱乐和工作,是因为她将家庭内本该属于自己履行的母职,转移给了自己的无酬双亲或者公婆,主要是母亲和婆婆。由她们来陪伴和照顾孩子,接送孩子上下学,完成家务劳动,而留守妇女通过手机时刻询问情况远程履行母职。母亲和婆婆的家务劳动相当于无酬母亲的伦理义务,这种母职的层层转移,正是蓝佩嘉(2003)发展出的"家务劳动连续性"的体现。

从以上现象可以看出,虽然丈夫在家庭中缺席,但父权制并没有缺位,家里的大事依然男性做主,而家务活仍然是女人的任务。

父权制在留守妇女的手机使用中的体现也包括联系内容。在回答与丈夫联系的话题时,留守妇女第一反应都是丈夫的情况与子女的情况,而当研究者继续询问是否会询问你的情况时,大部分的表示也会,但是明显"关心孩子比关心我多""我已经处在被遗忘的角落了"(14号),明显留守妇女在家庭中的地位还是比较边缘。

另外,留守妇女在关注自己所处地区之外还要远程关注丈夫天气,给丈夫和子女网上购置衣物。时时刻刻都必须关注子女的情况,照顾子女,利用手机教育子女的任务都落在妇女的身上。

2. 线下地缘网络的线上复制

Y 村留守妇女在手机上的移动网络社交是围绕微信、QQ 和全民 K 歌的熟人社交,甚至可以说是线下地缘网络的线上复制。每天在社交软件上有所互动的除了红包群以外,都是朋友、同学、家人,工作的人会联系客户。值得一提的是,15 位留守妇女中,1、4、5、8、12、14 号都曾跟丈夫一同外出务工,在外期间与同事交换了微信账户,并且在工作群里互动。但是当她们离开工作地点回家之后,她们很快就从原来的工作圈子里脱离,也很快被遗忘。

留守妇女的线上网络仍然是局限于地缘关系为主的"强关系"。格兰诺维特(Granovetter,1985)曾经提出关系强度的概念。强关系维系着群体内部、组织内部的联系,因此获得的信息重复性高,而弱关系是人们在群体之间、组织之间简历的纽带联系,它提供的信息重复性低、充当着信息桥的作用。留守妇女的社会关系网络密度高、异质性低,构成成员单一,交往对象多为女性,结构洞小,社会资本的水平低。她们的社会关系网络非常有限,缺乏基于教育的、技术的、政治的、兴趣的社会支持网络。

过去,在"男主外,女主内"传统性别分工影响下,绝大部分女性往往较少获得参与社会活动的机会。但对于留守妇女,尤其是没有工作的留守妇女来说,她们拥有更多参加社会活动的机会。手机的赋权以及移动互联网的发展更是赋予她们扩大自己的社交的机会和可能性。互联网下的弱关系多是由趣缘或者业缘结交的,但是留守妇女并没有独特的兴趣爱好,她们的社交话题仍是围绕自己的家庭和周围人的生活展开,"张家长,李家短",她们并没有兴趣关注那些远方与她们无关的人和事。

综上所述,丈夫外出务工让留守妇女有用更多休闲和社交的时间。但是,留守妇女的社交关系仍是以地缘、亲缘等初级关系为核心,依然体现了"在差序格局中,社会关系是逐渐从一个一个人推出去,是私人联系的增加,社会范围是一根根私人联系所构成的网络"(费孝通,1998)。全球信息网络的建设对于她们并没有多大的意义,她们在网络上的聊天和社交与线下似乎没有区别。

3. 个人娱乐中的性别区隔意识明显

如上文研究者所观察到的现象,妇女可以短暂"逃避"父权定位的妇女承担的家庭内的角色,但即使妇女拥有了使用手机的主动权,她们仍然偏爱看戏剧性节目、爱情故事、玩游戏、跟朋友聊天,关心地方新闻。相比男性,他们会喜欢写实性、运动性的节目,大型电影以及互动类游戏等,关注国家大事。之所以男女喜好有别,主要是妇女的重心在家庭。而正如多萝希·霍布森(Dorothy Hobson)研究家庭主妇的媒介偏好得出的结论,媒介有效地再生产不平等的社会性别分工的途径就是把妇女限于家庭这个小圈子,"受众并不总是把媒介的内容当真,社会性别不是固定的属性,是主体在矛盾的建构过程中形成的,媒介消费经验帮助社会性别认同(包括妇女与男人的主体性)的形成与建构。"

另一方面,不管是转发的关于婚姻和家庭的文章,还是发布子女的照片,留守妇女的朋友圈很大一部分被家庭占据,也说明她们的生活重心也都被家庭所占据。当被问到刷朋友圈有什么收获的时候,留守妇女们第一反应仍然是关于自己与丈夫的夫妻关系。比如4号回答,她看到一篇文章教育女性要自爱自尊自强,为自己而活,但是她所体会到的这样做的目的是为了家庭的和谐。"有些人只会抱怨说男人跟别人跑了,为什么人家跑了?你自己都不爱自己,不收拾自己,别人能爱你吗?"同样的15号说在她和丈夫生气的时候,朋友圈的一些文章能够开导她,让她停止转牛角尖,结束与丈夫的冷战。

而这种无意识的社会性别的自我加强在朋友圈的文章中显得更加明显。

把工资卡交给你的人,是和你过日子的男人,给你发红包的是爱你的男人,会给你买礼物的是喜欢你的男人……张嘉译说:一个女人,物质上不依赖你,经济上不依赖你,精神上不依赖你,那么请问你,女人都这样独立了!要你们男人还干什么?我们不缺大爷。

上面这段来自7号朋友圈的文字看似是在宣传女性独立、奋斗的好形象,但细细品读,发现这仍是对女性"他者"的建构。这句话的寓意:第一层"女人"就是要男人养着的。第二层,女人的独立是一件了不得的事情,隐含意思:女性本是弱者。"我们女人""你们男人"反复地强调女人与男人的责任的差别,仍然是在建构女性弱者的形象和认知。

可见,虽然留守妇女拥有了媒介的使用权,但她们对媒介的使用、在媒介上的表达并没有跳脱出传统女性的框架,反而将这种社会性别的不平等内化为自我意识。

4. 手机上从事社会性别化的工作

受访的15位留守妇女中,7位当时有自己的工作,其中5号没有子女,而2号也在研究者观察结束后不久因为丈夫的反对而辞职,现在闲赋在家。丈夫在外务工,留守妇女要照顾子女,所以能参加工作的比例并不高。而时间的灵活与身体的自由是她们考虑的最关键因素。所以剩下的5位中有2位自主经营店铺。同时不论是在手机线上还是线下,她们所从事的工作都是社会性别化的工作(Rakow,1992),这里表示指定女性从事的生产活动,比如服装店、化妆品店、商场柜台等,都是被女性"统治"的岗位。而她们在网上从事的生财生意,一方面是为照顾家庭做出的妥协,另一方面,这些行业是看重了女性特有的亲和力以及女性消费者的强大购买力。

不管是微商还是转发文章,工作的进入门槛很低。比如微商,图片都是上级代理做好的,微商只要会用手机将信息分享到朋友圈就可以,所以大多数人是兼职做微商。门槛低、时间自由正好契合留守妇女的时间要求。而售卖的产品也多面膜、保健品等,库存占地小、运输方面也不像液体化妆品那么多限制,最重要的是利润相对较高。7号售卖的就是面膜。

做微商的大都是女性。一方面,微商代理的产品大都是针对女性消费群体的快消品,女性的消费能力强,而且家庭的消费决策很大一部分由女性做出。同时越来越多的女性愿意为自己"投资",她们对化妆品的关注度高,也乐于分享产品的使用心得。另一方面,微商做的是朋友圈的熟人生意,女性消费者和代理的社交圈也多是女性。女性乐于分享,且乐于接受说服,同时是家庭的主要消费者,这是微商背后带有明显性别标签的逻辑。同时,使用手机从事工作的增加意味着她们要花费更多的时间在家里。

另外,留守妇女因为文化水平低,缺乏是非的判断和分辨能力,加上网络兼职平台的非正规性,留守妇女在从事网络兼职的工作时容易触及道德和法律问题。比如淘宝刷单的工作因为侵犯了消费者的知情权和公平交易权等权利,遭到媒体多次曝光和警方的查处,但农村妇女可能并没有这种意识。

五、结　论

在西方学术界,"社会性别"已经和"阶级""种族"一样成为研究人类社会与历史的一个基本的分析范畴,在各个人文社科领域被广泛运用。运用社会性别范畴来考察两性的行为,可以厘清以性别差异为基础的社会关系,窥探家庭和社会中两性之间的权力关系[①]。

在Y村,留守妇女的家庭地位和社会地位得到显著提升。这表现在她们在家庭中的财政管理权力的获得,主干家庭媳妇家务劳动和农活的减少,以及追求事业和美貌的自由度的提高。同时,手机以及移动互联网的技术的发展和扩散,使留守妇女获得文化权利和经济权利的自我"赋权",她们拥有了与外出男性相同甚至更多接近信息与娱乐的途径,表达与交流的途径,能够更多地满足她们的个人需求和社交需求,从而主体性和自我认知有所提升。但是技术赋权并不是一个单独作用的过程,并不能够帮助她们从社会性别的框架中完全跳脱,社会结构和文化传统导致的"男主外女主内"的观念以一种更隐蔽的方式表现在留守妇女的日常手机使用与内容表达中。在家庭生活中,留守妇女被留下来照顾家庭和子女,丈夫和"当家的"依然掌管家里的大事,她们和婆婆处理家里的家务。这种妻职和母职在手机使用中得到延伸,她们会经常与丈夫互动,关心他的身体和工作情况,从网上购置家庭生活用品和丈夫及子女的衣物和玩具。在休闲时刻,留守妇女会利用手机进行社交和娱乐,但她们讨论的话题、关注的节目、自我表达的内容,仍然是围绕家庭、情感、两性话题展开,媒介的使用对她们开拓社会网络也不具有明显的效果。就工作来说,虽然部分留守妇女投入工作,但她们多会受到丈夫阻挠,并且因为要同时兼顾家庭和事业,压力很大。而手机新媒介的介入虽然为留守妇女创造了网络挣钱的机会,但这些工作仍然是将她们禁锢在"女性"这个社会身份中的尝试,并且由于她们文化知识水平的有限容易陷入道德和法律的灰色地带。

---

① 曹晋.媒介与社会性别研究:理论与实例.清华大学出版社.2015

丈夫外出和留守妇女被留下，是为家庭的发展所做的妥协。她们用"没有办法"来回应这种境遇，因为她们已经内化了"男主外，女主内"的普遍看法以及"农村妇女知识水平低"这种话语。手机能够帮助她们享受更多的休闲和娱乐，从家庭琐事中暂时逃脱，但是不能帮助她们跨越自己的社会性别身份。

参考文献

[中文专著]

波德里亚著.刘成富.2000.全志钢译.消费社会.南京:南京大学出版社.

曹晋.2015.媒介与社会性别研究:理论与实例.北京:清华大学出版社.

简宁斯·布莱恩特,道尔夫·兹尔曼主编.2009.媒介效果:理论与研究前沿.石义彬,彭彪译.北京:华夏出版社,

胡泳.2014.新媒介赋权及意义互联网的兴起.北京:社科文献出版社.

李琨.2009.传播学定性研究方法.北京:北京大学出版社.

马克思恩格斯全集(第26卷,滴3册).1974.北京:人民出版社,281-282

莫利.2005.电视、受众与文化研究.史安斌译.北京:新华出版社.

师曾志,金锦萍.2013.新媒介赋权:国家与社会的协同演进.北京:社会科学文献出版社.

王政.2008."女性意识"、"社会性别意识"辩异,转引自薛宁兰著:《社会性别与妇女权利》,社会科学文献出版社.

西蒙娜·德·波伏娃.2004.第二性.陶铁柱译.北京:中国书籍出版社.

叶敬忠.2010.留守中国.北京:社会科学文献出版社.

叶敬忠,潘璐等.2014.双重强制——乡村留守中的性别排斥与不平等.北京:社会科学文献出版社.

叶敬忠,吴惠芳.2008.阡陌独舞.北京:社会科学文献出版社.

[中文论文]

陈建胜.2012.转型农民的大众媒体使用——基于浙江外前坞村村民的研究.南京大学研究生毕业论文.

陈雪俄.2007.农村留守妇女主观幸福感研究——基于皖北某村留守妇女的调查.华中师范大学硕士学位论文.

付蓉.2012.农村半流动家庭夫妻权力关系"依附性支配"地位的形成机制.浙江师范大学硕士学位论文.

李岩.2013.媒介·话语·权利·身份:"农民工"话语考古与身份生产研究.浙江大学博士毕业论文.

刘坚.2014.论电视媒介的农村留守现象报道——以中央电视台报道为例.吉林大学硕士学位论文.

刘雨时.2014.农村留守妇女的情感需求及其社会支持研究——以湖南G村为例.湖南师范大学硕士学位论文.

卿秋艳.2011.留守妇女与外出丈夫的互动.华东理工大学硕士学位论文.

师凤莲.2010.社会性别视角下当代中国女性政治参与问题研究.山东大学博士毕业论文.

孙瞳.2012.女性休闲生活方式的比较研究——以吉林省为例.东北师范大学硕士学位论文.

王卓慧.2013.伯明翰学派的电视观.中国艺术研究院博士学位毕业论文.

[中文期刊]

卜卫.社会性别视角中的传播新技术与女性,妇女研究论丛.2002年3月第二期:37-42

曹晋.传播技术与社会性别:以流移上海的家政钟点女工的手机使用分析为例.新闻与传播研究.2009.第16卷第1期:71-78

陈静静,曹云雯等.赋权,还是去权?——一个藏族村庄中的传播、权力与社会身份.新闻与传播研究.2014年第8期

陈茜,刘芳男.2012.浅谈新媒体环境下的公司领域.新闻知识.(10):64-65.

陈树强.2003.增权:社会工作理论与实践的新视角.社会学研究.第5期.

蓝佩嘉.2002.跨越国界的生命地图:菲籍家务移工的流动与认同.台湾社会研究季刊.(12).

曾淑萍.2012.社会性别视角下妇女婚姻家庭地位研究——以湖南省为例.中南大学.

范斌.2004.弱势群体的增权及其模式选择.学术研究.第12期.

方格子.中国农村留守妇女.北京日报.2014年5月13日.

费中正.孙秋云.2011.消费现代性:手机与西江苗寨的社会变迁.中国社会学年会论文.

洪慧芬.2010.现代母职作为一种儿童的照顾安排:母亲作为劳动者的处境.台湾福利学会2010年年会,第5页.

刘文明.2007.留守妻子与社会和谐:社会资本视角的分析.社会科学.

郑诗琳.2012.城乡小尺度迁移下"陪读妈妈"的日常生活重构——以广东省梅州兴宁市为例.第七届全国地理学研究生学术年会论文摘要集.

[中文网页]

中国网.中国共2.74亿农民工1.68亿外出打工平均月入2864元.〈http://news.china.com.cn/2015-02/28/content_34912197.htm〉2016/5/26 20:14.

[英文专著]

Erving Goffman,1959. The Presentation of Self in Everyday Life. Anchor,6.

Gauntlett D. 2002. Media, Gender and Identity: An Introduction. London: Routledge.

Hobson D. 1990. Women, Audiences and the Work Place. In: Brown M. E. ed. Television and Women's Cultural, The Politics of the Popular. London: Sage.

Hughes, C. 2012. Those left behind: The impact of migration on Guatemalanwomen. Montreal: McGill Queens University Press

McRobbie A. 1991. Feminism and Youth Culture: From Jackie to Just Seventeen. London: Macmillan.

Lana F. Rakow. 1992. Gender on the Line: Women, the Telephone, and Community Life. Illinois Studies in Communications. Urbana and Chicago: University of Illinois Press.

Radway J. 1984. Reading the Romance: Women, Patriarch and Popular Literature. Chapel Hill: University of North Carolina Press.

Rowlands, J. 1998. Questioning Empowerment: Working with Women in Honduras, Oxford: Oxford University Press.

Tania Modleski. 1982. Loving With a Vengeance: Mass Produced Fantasies For Women, New York.

[英文期刊]

Anarfi, J. K., & Kwankye, O. S. 2009. Independent migration of children in Ghana. Legon, Ghana: Institute of Statistical Social and Economic Research.

Assad, R. 2010. The impact of migration on those left behind: Evidence from Egypt. http://www.mei.edu/content/impact-migration-those-left-behind-evidence-egypt. Accessed on 12 Sept 2012

Bryant, J. 2005. Children of international migrants in Indonesia. Thailand and the Philippines: A review of evidence and policies. Innoocenti working paper No. 2005-05, UNICEF Innocenti.

Cortes, R. 2007. Children and women left behind in labor sending countries: an appraisal of social risks. Global report on migration and children. http://www.childmigration.net/files/Rosalia_Cortes_07.pdf. Accessed on 16 March 2012.

Desai, S., & Banerji, M. 2008. Negotiated identities: Male migration and left-behind Wives in India. Journal of Population Research, 25(3), 337. http://www.springerlink.com/content/40336m63744u653xl. Accessed on 15 Feb 2011.

Granovetter, Mark. 1973. The Strength of Weak Ties. American Journal of Sociology: 78.

James W. Carey. 2008. Communication as Culture, Revised Edition: Essays on Media and Society, London: Routledge; 2 edition, September 19.

Mehra B, Merkel C. & Bishop A. P. 2004. The Internet for Empowerment of Minority and Marginalized Users. New media & Society, 6(6), 781-802.

Nelson N. 1992. The women who have left and those who have stayed behind: Rural-Urban migration in central and western Kenya. In S. Chant(Ed.)Gender and migration in developing countries (pp. 109-138). London: Beldhaven Press.

Rappaport, J. 1987. Term of Empowerment/Exemplars of Prevention: Toward a Theory for Coming Psychology, American Journal of Community Psychology, 15: 2 121-148

Wrigley-Asante, & Charlotte, Agandin, John Baptist A. 2015. From Sunrise to Sunset: Male Out-Migration and Its Effect on Left-Behind Women in the Builsa District of Ghana. Gender Issues. 32:184-200.

Zhu Shanjie. 2016. The Everyday Lives and Media Representation of Rural Left-Behind Women, Revisiting Gender Inequality: Perspective from the People's Republic of China, New York.

北京大学出版社教育出版中心

部分重点图书

一、北大高等教育文库·大学之道丛书

大学的理念	[英]亨利·纽曼
德国古典大学观及其对中国的影响（第三版）	陈洪捷
哈佛通识教育红皮书	[美]哈佛委员会
什么是博雅教育	[美]布鲁斯·金博尔
美国文理学院的兴衰——凯尼恩学院纪实	[美]P. E. 克鲁格
营利性大学的崛起	[美]理查德·鲁克
学术部落及其领地	[英]托尼·比彻等
美国现代大学的崛起	[美]劳伦斯·维赛
大学的逻辑（第三版）	张维迎
教育的终结——大学何以放弃了对人生意义的追求	[美]安东尼·克龙曼
知识社会中的大学	[美]杰勒德·德兰迪
美国大学时代的学术自由	[美]罗杰·盖格
美国高等教育通史	[美]亚瑟·科恩
印度理工学院的精英们	[印度]桑迪潘·德布
后现代大学来临	[英]安东尼·史密斯 弗兰克·韦伯斯特
21世纪的大学	[美]詹姆斯·杜德斯达
理性捍卫大学	眭依凡
大学之用（第五版）	[美]克拉克·克尔
高等教育市场化的底线	[美]大卫·L. 科伯
世界一流大学的管理之道——大学管理决策与高等教育研究	程星
大学与市场的悖论	[美]罗杰·盖格
美国如何培养研究生	[美]克利夫顿·康拉德等
公司文化中的大学：大学如何应对市场化压力	[美]埃里克·古尔德
哈佛，谁说了算	[美]理查德·布瑞德利
大学理念重审	[美]雅罗斯拉夫·帕利坎
美国大学之魂（第二版）	[美]乔治·M. 马斯登
高等教育何以为"高"	[英]大卫·帕尔菲曼

二、21世纪高校教师职业发展读本

教授是怎样炼成的	[美]唐纳德·吴尔夫
给大学新教员的建议（第二版）	[美]罗伯特·博伊斯
学术界的生存智慧（第二版）	[美]约翰·达利等
如何成为卓越的大学教师（第二版）	[美]肯·贝恩
给研究生导师的建议	[英]萨拉·德兰蒙特等

三、学术规范与研究方法丛书

如何成为优秀的研究生（影印版）	[美]戴尔·F. 布鲁姆等
给研究生的学术建议	[英]戈登·鲁格 玛丽安·彼得
社会科学研究的基本规则（第四版）	[英]朱迪思·贝尔

如何查找文献（第二版）	［英］莎莉·拉姆奇
如何写好科研项目申请书	［美］安德鲁·弗里德兰德
	卡罗尔·弗尔特
高等教育研究：进展与方法	［美］马尔科姆·泰特
教育研究方法（第六版）	［美］乔伊斯·P.高尔等
如何进行跨学科研究	［美］艾伦·瑞普克
社会科学研究方法100问	［美］尼尔·萨尔金德
如何利用互联网做研究	［爱尔兰］尼奥·欧·杜恰泰
如何成为学术论文写作高手	［美］史蒂夫·华莱士
——针对华人作者的18周技能强化训练	
参加国际学术会议必须要做的那些事	［美］史蒂夫·华莱士
——给华人作者的特别忠告	
做好社会研究的10个关键	［英］马丁·丹斯考姆
法律实证研究方法（第二版）	白建军
传播学定性研究方法（第二版）	李琨
生命科学论文写作指南	［加拿大］白青云
学位论文写作与学术规范（第二版）	李武，毛远逸，肖东发
如何为学术刊物撰稿（第三版）（影印版）	［英］罗薇娜·莫瑞
结构方程模型及其应用	易丹辉，李静萍

四、大学学科地图丛书

管理学学科地图	谭力文
战略管理学科地图	金占明
旅游管理学学科地图	李昕
行为金融学学科地图	崔巍
国际政治学学科地图	陈岳，田野
中国哲学史学科地图	刘乐恒
文学理论学科地图	王先霈
德育原理学科地图	檀传宝 等
外国教育史学科地图	王保星，张斌贤
教育技术学学科地图	李芒 等
特殊教育学学科地图	方俊明，方维蔚

五、北大开放教育文丛

西方的四种文化	［美］约翰·W.奥马利
人文主义教育经典文选	［美］G.W.凯林道夫
教育究竟是什么？——100位思想家论教育	［英］乔伊·帕尔默
教育：让人成为人——西方大思想家论人文和科学教育	杨自伍
透视澳大利亚教育	［澳］耿华
道尔顿教育计划（修订本）	［美］海伦·帕克赫斯特

六、跟着名家读经典丛书

中国现当代小说名作欣赏	陈思和 等
中国现当代诗歌名作欣赏	谢冕 等
中国现当代散文戏剧名作欣赏	余光中 等
先秦文学名作欣赏	吴小如 等
两汉文学名作欣赏	王运熙 等
魏晋南北朝文学名作欣赏	施蛰存 等
隋唐五代文学名作欣赏	叶嘉莹 等

宋元文学名作欣赏　　　　　　　　　　　　　　　袁行霈 等
　　明清文学名作欣赏　　　　　　　　　　　　　　　梁归智 等
　　外国小说名作欣赏　　　　　　　　　　　　　　　萧乾 等
　　外国散文戏剧名作欣赏　　　　　　　　　　　　　方平 等
　　外国诗歌名作欣赏　　　　　　　　　　　　　　　飞白 等

七、科学元典丛书

　　天体运行论　　　　　　　　　　　　　　　　　　[波兰]哥白尼
　　关于托勒密和哥白尼两大世界体系的对话　　　　　[意]伽利略
　　心血运动论　　　　　　　　　　　　　　　　　　[英]威廉·哈维
　　薛定谔讲演录　　　　　　　　　　　　　　　　　[奥地利]薛定谔
　　自然哲学之数学原理　　　　　　　　　　　　　　[英]牛顿
　　牛顿光学　　　　　　　　　　　　　　　　　　　[英]牛顿
　　惠更斯光论（附《惠更斯评传》）　　　　　　　　[荷兰]惠更斯
　　怀疑的化学家　　　　　　　　　　　　　　　　　[英]波义耳
　　化学哲学新体系　　　　　　　　　　　　　　　　[英]道尔顿
　　控制论　　　　　　　　　　　　　　　　　　　　[美]维纳
　　海陆的起源　　　　　　　　　　　　　　　　　　[德]魏格纳
　　物种起源（增订版）　　　　　　　　　　　　　　[英]达尔文
　　热的解析理论　　　　　　　　　　　　　　　　　[法]傅立叶
　　化学基础论　　　　　　　　　　　　　　　　　　[法]拉瓦锡
　　笛卡儿几何　　　　　　　　　　　　　　　　　　[法]笛卡儿
　　狭义与广义相对论浅说　　　　　　　　　　　　　[美]爱因斯坦
　　人类在自然界的位置（全译本）　　　　　　　　　[英]赫胥黎
　　基因论　　　　　　　　　　　　　　　　　　　　[美]摩尔根
　　进化论与伦理学（全译本）（附《天演论》）　　　[英]赫胥黎
　　从存在到演化　　　　　　　　　　　　　　　　　[比利时]普里戈金
　　地质学原理　　　　　　　　　　　　　　　　　　[英]莱伊尔
　　人类的由来及性选择　　　　　　　　　　　　　　[英]达尔文
　　希尔伯特几何基础　　　　　　　　　　　　　　　[俄]希尔伯特
　　人类和动物的表情　　　　　　　　　　　　　　　[英]达尔文
　　条件反射：动物高级神经活动　　　　　　　　　　[俄]巴甫洛夫
　　电磁通论　　　　　　　　　　　　　　　　　　　[英]麦克斯韦
　　居里夫人文选　　　　　　　　　　　　　　　　　[法]玛丽·居里
　　计算机与人脑　　　　　　　　　　　　　　　　　[美]冯·诺伊曼
　　人有人的用处——控制论与社会　　　　　　　　　[美]维纳
　　李比希文选　　　　　　　　　　　　　　　　　　[德]李比希
　　世界的和谐　　　　　　　　　　　　　　　　　　[德]开普勒
　　遗传学经典文选　　　　　　　　　　　　　　　　[奥地利]孟德尔 等
　　德布罗意文选　　　　　　　　　　　　　　　　　[法]德布罗意
　　行为主义　　　　　　　　　　　　　　　　　　　[美]华生
　　人类与动物心理学讲义　　　　　　　　　　　　　[德]冯特
　　心理学原理　　　　　　　　　　　　　　　　　　[美]詹姆斯
　　大脑两半球机能讲义　　　　　　　　　　　　　　[俄]巴甫洛夫
　　相对论的意义　　　　　　　　　　　　　　　　　[美]爱因斯坦
　　关于两门新科学的对谈　　　　　　　　　　　　　[意大利]伽利略
　　玻尔讲演录　　　　　　　　　　　　　　　　　　[丹麦]玻尔
　　动物和植物在家养下的变异　　　　　　　　　　　[英]达尔文
　　攀援植物的运动和习性　　　　　　　　　　　　　[英]达尔文

食虫植物	[英] 达尔文
宇宙发展史概论	[德] 康德
兰科植物的受精	[英] 达尔文
星云世界	[美] 哈勃
费米讲演录	[美] 费米
宇宙体系	[英] 牛顿
对称	[德] 外尔
植物的运动本领	[英] 达尔文
博弈论与经济行为（60周年纪念版）	[美] 冯·诺伊曼　摩根斯坦
生命是什么（附《我的世界观》）	[奥地利] 薛定谔
同种植物的不同花型	[英] 达尔文
生命的奇迹	[德] 海克尔
阿基米德经典著作	[古希腊] 阿基米德
性心理学	[英] 霭理士
宇宙之谜	[德] 海克尔
圆锥曲线论	[古希腊] 阿波罗尼奥斯
化学键的本质	[美] 鲍林
九章算术（白话译讲）	张苍 等辑撰，郭书春 译讲

八、其他好书

苏格拉底之道：向史上最伟大的导师学习	[美] 罗纳德·格罗斯
大学章程（精装本五卷七册）	张国有
教学的魅力：北大名师谈教学（第一辑）	郭九苓
国立西南联合大学校史（修订版）	西南联合大学北京校友会
我读天下无字书（增订版）	丁学良
科学的旅程（珍藏版）	[美] 雷·斯潘根贝格
	[美] 黛安娜·莫泽
科学与中国（套装）	白春礼等
如何成为卓越的大学生	[美] 肯·贝恩
世界上最美最美的图书馆	[法] 博塞等
中国社会科学离科学有多远	乔晓春
道德机器：如何让机器人明辨是非	[美] 瓦拉赫等
彩绘唐诗画谱	（明）黄凤池
彩绘宋词画谱	（明）汪氏
如何临摹历代名家山水画	刘松岩
芥子园画谱临摹技法	刘松岩
南画十六家技法详解	刘松岩
明清文人山水画小品临习步骤详解	刘松岩
西方博物学文化	刘华杰
物理学之美（彩图珍藏版）	杨建邺
杜威教育思想在中国	张斌贤，刘云杉
怎样做一名优秀的大学生	王义遒
湖边琐语——王义遒教育随笔（续集）	王义遒
蔡元培年谱新编（插图版）	王世儒